Raden Ayou Jodjana

Ein Buch der Selbst-Wiedererziehung

Band 2

Die Struktur und Funktionen des menschlichen Körpers als Instrument des Ausdrucks

aus dem Englischen ins Deutsche übersetzt von Puran Füchslin

Raden Ayou Jodjana

Ein Buch der Selbst-Wiedererziehung
Band 2

Aus dem Englischen ins Deutsche übersetzt von Puran Füchslin

Zürich: Verlag Petama Project, Zürich, 2013

Veröffentlicht durch:	Petama Project, Puran Füchslin Kanzleistrasse 151, 8004 Zürich Email: puran@petama.ch www.petama.ch
Gestaltung + Layout:	Petama Project, Zürich
Herstellung:	Books on Demand, Norderstedt www.bod.de

1. Auflage by Petama Project

ISBN 978-3-907643-22-8

Bibliografische Information der Deutschen Nationalbibliothek:
Die Deutsche Nationalbibliothek verzeichnet diese Publikation in der Deutschen Nationalbibliografie; detaillierte bibliografische Daten sind im Internet über http://dnb.d-nb.de abrufbar.

Inhaltsverzeichnis

Raden Mas
Jodjana-

Teil 4

Seite

Seite

Raum ist die Einzige Schöpferische, Expressive Essenz

Ich bitte, euch, fühlt wieder und versteht,
dass der Raum die einzige Schöpferische, Expressive Essenz ist.
Raum ist Unendlich, Allgegenwärtig, Ewig.
Es ist der Aspekt der Ewigkeit des Raumes,
der unsere ersten Dimension enthüllt -
die Dimension der Zeit.

Enthüllung zeigt sich in der Dauer.
Die Zeit wird dabei zur Trägerin aller
erkennbaren Form im Universum.
Die Trägerin aller Bewegungen.
Erinnert euch, dass alle Form nichts als Bewegung ist.

Raum-Bewegungen sind keine Bewegungen

Raumbewegungen sind *nicht* Bewegungen.
Sie sind die Gegenwart der Unendlichen Essenz in der Form.

Der Mensch kann sich dieser Gegenwart bewusst werden
in der urspünglichen, ersten Dimension unserer Form -
im Fluss der Zeit.
Dies ist die Geburt des Rhythmus,
auf der die Unendlichkeit
ewige Augenblicke aufreiht
in endlicher Form.

Dies ist einfach und logisch.
Das Erkenntlichwerden der Essenz des Lebens
in körperlicher Form.
Es könnte kein Erkenntlichwerden
von dreidimensionalen Formen geben
ohne die Dauer der Zeit.

Raum-Essenz

In einem Zentrum in Inneren unseres Körpers -
dem Zentrum des Schwerpunktes,
tief im Becken,
gerade vor dem untersten Wirbel
im Kreuzbein -
sammelt sich
schöpferische Kraft
ohne Unterlass,
von allen Seiten her.
Sie sammelt
die Essenz des Lebens.

Diese Essenz ist Raum.
Raum ist Schöpferische Essenz.
Sie will sich offenbaren
in ihrem wahren Wesen.
Daher offenbart sie sich
in Substanz.

Alle Substanz,
die Essenz offenbart,
ist ausdrucksstark.

Das Sammeln der Raum-Essenz
bringt der Form alles, was sie zum Sein braucht,
dass sie lebendig bleibt.
Es versorgt sie mit aller seelischen und körperlichen Nahrung,
mit Luft, Trinken und Eindrücken,
um Körper und Gemüt zu ernähren,
und in jedem Augenblick alle Substanzen zu erneuern.
Raum-Essenz nährt auch unsere schöpferischen Tätigkeiten.

Über Raum-Funktionen im Allgemeinen

Wenige Menschen wissen,
dass da Raumfunktionen sind
im menschlichen Körper.

Die Wissenschaft hat uns aufmerksam gemacht,
dass Raum allen Bewegungen innewohnt.
So bewegt sich Raum durch unsere ganze Form.

Die meisten Leute schenken
diesen grundlegenden Tatsachen
die unserem inneren Wesen zugrunde liegen
und unser tägliches Leben beeinflussen,
zu wenig Beachtung.

Versucht zu spüren,
während ihr dies liest,
dass unser ganzer Körper dauernd
vom Atem des Raums durchdrungen ist.
So wird er am Leben erhalten,
und kann sich bewegen,
getragen vom Fluss
dieser Schöpferischen Essenz.

Daher sollten wir unseren Körper immer offen halten
auf den äusseren Raum zu.
Aus dem Zentrum des Körpers,
wie eine Hand, die bereit ist, aufzunehmen;
nach links und rechts ausbreiten,
nach unten und oben,
nach hinten und vorn.

Dann fliesst schöpferischer Atem
durch die ganze Form,
durch alle Zellen,
durch jede Faser,
durch alle Substanzen,
er reinigt, stärkt
und erneuert sie.

Die Enthüllung der unendlichen Essenz des Raumes,
aus dem Zentrum des Gleichgewichts in unserer Form,
zeigt sich, indem sie ihre Essenz zu allen Seiten hin ausbreitet,
durch den ganzen Körper.
Dies ermöglicht uns, in jedem Augenblick
und in jeder Situation,
zu spüren und uns zu erinnern,
wie diese Essenz uns unterstützt,
und uns hilft, umzugehen
mit allem, was uns befällt -
Gutes oder Schlechtes.

Wir brauchen die Stütze dieses Raumatems
für all unsere Ausdrucksformen in Tat und Sprache.

Eine der Wichtigsten Raum-Funktionen im Menschlichen Körper

Aus dem Zentrum des Schwerpunktes
- Zentrum des Gleichgewichts in der Form -
fliesst der Raumatem
durch alle Gelenke.

Zuerst fliesst er aus dem Zentrum
nach links und rechts,
dem unteren Rand des Beckens entlang,
und atmet durch beide Gelenkpfannen der Oberschenkelknochen.
In der Dimension, die sich aus dem Zentrum
nach links und rechts ausbreitet, wird die Achse der Weite
im Leben des menschlichen Körpers geschaffen,
sie steht für die Dimension der Befreiung.
Aus der Wirbelsäule heraus breitet sich der ganze Körper aus
- wie ihr es spüren könnt -
wenn ihr euch streckt.

Seid nicht nachlässig, übt und führt
immer und immer wieder
die Bewegung des Streckens aus.
Spürt, dass euer Körper zwei Seiten hat,
die wir aus der Wirbelsäule heraus
immer spüren sollten,
in gegensätzlichen Richtungen.

Überall auf dieser Erde,
durch alle Zeitalter hindurch,
wurden alle Nationen und Rassen
auf dieser gleichen Basis geschult.
Alle Soldaten wurden gelehrt
'ihren kleinen Finger
auf den Saum ihrer Hosen zu legen'.

Ihr müsst euch selber lehren,
das Gleiche auf richtige Weise zu tun:
Lasst, aus der Wirbelsäule heraus,
euren Körper zwei Hälften schaffen,
in gegensätzlichen Richtungen.
Ihr werdet frei werden von Angst,
von Ängstlichkeit und Befürchtungen,
wie es die Absicht war, die Krieger frei zu machen,
so dass sie furchtlos in die Schlacht gehen konnten.

Wenn ihr dies geübt habt,
wird es ganz leicht sein, wahrzunehmen,
wie das Raumatmen wirkt
in den beiden Höhlungen der Oberschenkelknochen,
tief unten im Becken.

Aus diesen beiden Höhlungen beginnt das Atmen
durch alle anderen Gelenke,
weil von da aus der Raumatem
sich nach unten und oben bewegt,
zu allen Gelenken im Körper hin.
Zuerst nach unten durch die Kniekehlen,
weiter nach unten durch die Knöchel,
und dann weiter durch die Füsse,
und noch weiter durch alle Gelenke
der Zehen.

Gleichzeitig steigt
der Raumatem nach oben,
durch den Körper.
Der Raumatem spielt durch die Pfannen
unterhalb der Schultern.
Und von da fliesst er weiter
nach unten in die Arme.

Nach unten-nach oben im Körper steht
für die Dimension seiner Höhe.
Die Dimension der Höhe eines Körpers
ist seine Dimension des Gleichgewichts.
So haben wir nun
die Gegenwart von zwei Dimensionen in unserem Körper
erfahren - Weite und Höhe.

Wenn wir diese Übungen ausführen, können wir
an unserer Befreiung und unserem Gleichgewicht arbeiten.

Wir müssen immer noch
in euch das Bewusstsein des Raumatmens
erwecken, durch das Gelenk
des Kopfes, der auf der Wirbelsäule ruht;
und das Gefühl seines Wirkens
in den verbundenen Gelenken
der Wirbelsäule.

Für dieses wichtige Raum-Wirken
durch die Wirbelsäule
haben wir besondere Übungen geschaffen.
Ihr werdet sie später kennenlernen,
wenn wir das Gefühl eurer Beziehung
gegenüber eurem Rücken,
und gegenüber dem Raum in eurem Rücken
geweckt haben.

Konzentration, Ausstrahlung, Meditation

Lasst uns unser Empfinden öffnen,
um diese Bewegung zu verstehen,
die uns ewig lebendig erhält.

Lasst uns entdecken, wie
die Konzentration der Lebenskraft
im Inneren unseres Wesens stattfindet.
Wir müssen dieser Bewegung Platz machen in unserem inneren Raum,
so dass es sich durch uns hindurch ausbreiten kann.

Wenn wir selber diese Bewegung *tun* wollten, würde sie
in unserem Gemüt und Körper eine Verkrampfung verursachen.
Die Bewegung der Konzentration kommt in unsere Form
aus dem unendlichen Raum um uns herum.
Ihre reine Aktivität fordert von uns nicht Inaktivität.
Wir sollten vollständig passiv und empfänglich werden.
Das Schaffen dieses passiven Zustandes
verlangt von uns eine sehr tiefe und vollständige Aktivität,
der schöpferischen Bewegung zu begegnen und sie aufzunehmen,
die Konzentration der Lebenskraft in unserem Inneren,
die dann *gleichzeitig* frei aus dem Zentrum ausstrahlt,
durch unsere ganze Form
zurück in den unendlichen Raum.

Sei Vollständig Empfänglich, um Vollständig Ausdrucksfähig zu sein

Knochen, obwohl sie lebendig sind durch die stetige Bewegung
der Erneuerung ihrer Zellen und Substanzen,
bewegen sich nicht.
Sie werden mit unseren Muskeln bewegt.
Muskeln, obwohl sie geschaffen sind, Knochen zu bewegen,
tun dies nur, wenn sie vom Nervensystem angeleitet werden.

Das Nervensystem *leitet* unsere Bewegungen,
die durch seelische Spannung geschaffen werden;
diese entsteht aus der Notwendigkeit von
emotionalem und seelischem Ausdruck.
Seelische Notwendigkeit des Ausdrucks schafft Gedanken.
Emotionale Notwendigkeit des Ausdrucks schafft Taten.

Manchmal bewegt uns der Geist,
manchmal die Seele.
Oder beide bewegen uns gleichzeitig in unserer Form, und spielen
auf den Saiten unseres Instruments des Ausdrucks:
dem Körper.
Wir nennen 'unsere Seele',
was in uns die Notwendigkeit
von emotionalem Ausdruck hervorruft.
Wir nennen 'unseren Geist'
diese gleiche tiefe Notwendigkeit,
das Wahrnehmen von Ideen auszudrücken.

Emotionaler Ausdruck setzt sich meistens in Handlungen um,
in Haltungen, Gesten und Bewegungen.
Seelischer Ausdruck schafft in uns Ideen,
die uns durch schöpferische Intelligenz und Gedanken
anstossen, uns anderen mitzuteilen in Worten,
in gesprochener oder geschriebener Form.

Wenn wir dieses Prosa-Gedicht verstehen und erkennen,
was es uns im ersten Vers sagt,
ist es offensichtlich, dass wir lernen sollten,
auf den Saiten unseres Nervensystems spielen zu lernen.

In Schulen und Instituten,
was wird uns da gelehrt?
Sie lehren uns die *äusserlichen* Effekte
von Bewegung und Sprache.
Die *Resultate* des schöpferischen Prozesses
des Ausdrucks in Bewegung
werden uns vorgeführt und uns aufgedrückt.
Wenn wir Resultate anschauen,
schaffen wir geistige Bilder dieser Bewegungen.
Dann werden wir aufgefordert,
diese äusseren Wirkungen nachzumachen,
und diese Bewegungen mechanisch zu wiederholen,
um den Körper zu trainieren.
Dabei brauchen wir die ganze Zeit
richtunggebende Kontrolle des Hirns
über die Bewegungen, die wir ausführen.

So verlieren wir alle schöpferische Möglichkeit
des Ausdrucks.
Unsere Bewegungen sind
der Essenz des Lebens beraubt.

Das gleiche geschieht in der Sprache,
wenn wir mit anderen sprechen oder ihnen schreiben.
Wir lernen, die Stimme zu trainieren.
Die Leute hören alles, was wir sagen.
Doch hören sie nicht und können es nicht,
weil unserer Intonation die direkte Schwingung des Lebens
und der innere Rhythmus fehlt.
Wir schauspielern dann Gefühl und Leidenschaft.
Wir bedrängen die Stimme, ihre Tonlage
und strapazieren ihre Betonung.

Wie können wir da das Geschenk
der lebendigen Schöpferischen Essenz
empfangen und bewahren?

Raum-Atmen in den Wirbeln

Setzt euch in einen bequemen Stuhl.
Entspannt euch.
Und versucht nicht, euren Rücken zu strecken.
Lasst euch gehen.
Eure Wirbelsäule ist gebogen.
Lasst eure Ellbogen von euren Knien stützen,
und stützt mit euren Händen euren Kopf.

Ihr wisst, dass in der Schädelbasis,
genau in der Mitte seines unteren Randes,
wo zuoberst die Wirbelsäule
in die Schädelbasis tritt, eine kleine Öffnung liegt.
Diese Öffnung liegt
zwischen den Zentren eurer Aufmerksamkeit
Diese Zentren befinden sich links und rechts
ganz tief in der Schädelbasis,
hinter den Ohrhöhlen.

Das kleine Loch mitten in der Schädelbasis
senkt sich um den Atlas herum,
dem obersten Wirbel der Wirbelsäule.
So findet das gesamte Gewicht des Kopfes
ihre Stütze auf der Wirbelsäule.

Wir hoffen, dass ihr immer noch dasitzt,
euren Kopf in euren Händen stützt,
eure Ellbogen auf euren Knien,
mit geschlossenen Augen.

Wir hoffen, dass ihr all dem habt folgen können,
was wir euch gesagt haben über das Gelenk
eures Kopfes auf dem Atlaswirbel.

Spürt euren Kopf, der
auf dem obersten Wirbel eurer Wirbelsäule ruht.
Wir glauben, dass ihr nun genau erkennt,
wo im Raum sich eure Schädelbasis befindet,
auch wo euer Hinterkopf liegt,
und dass ihr das Gelenk des Kopfes auf der Wirbelsäule fühlt.

Versucht nicht euch zu konzentrieren und festzumachen,
was ihr seht.
Spürt nur nach,
wo die Teile, die wir erwähnt haben,
im Raum anwesend sind.

Dann steigt in eurem entspannten Rücken hinunter,
durch euren Nacken und die Wirbel
auf die Tiefe eures Beckens zu,
bis ihr mit eurer Aufmerksamkeit
eine Verbindung geschaffen habt
mit dem untersten Wirbel,
wo das Steissbein anfängt.
Und versucht, die Sitzfläche des Stuhles, auf dem ihr sitzt,
zu spüren und zu fühlen,
unterhalb dieses Wirbels
in der Mitte des Kreuzbeines.

Spürt auf jeder Seite dieses Wirbels
die Kissen der Gesässmuskeln.
Haltet diese Muskeln auseinander,
so dass der Kreuzbein-Wirbel die Sitzfläche berühren kann.
Und nehmt die Stütze an, die der Stuhl
eurem sitzenden Körper anbietet.

Intensiviert das Spüren und das Gefühl von all dem,
was eure Aufmerksamkeit aufgenommen hat.
Tut es so, wie wenn ihr gerade einschlafen würdet.
Haltet das Gefühl lebendig,
wie der Stuhl euch Stütze gibt.
Und nehmt die Stütze an.

Dann pflanzt ihr den Wirbel am Rand des Kreuzbeines
fest auf die Sitzfläche.
Die Sitzfläche wird zum Fundament,
auf dem wir nun die Wirbelsäule aufbauen.
Pflanzt jeden Wirbel,
einen nach dem anderen, verbunden und vereint im Kreuzbein,
der das starke Rückgrat in eurem Becken bildet,
fest auf das Fundament der Sitzfläche,
mit einer starken Betonung nach unten,
in der Richtung der Stütze der Sitzfläche.

Die Mauer des Rückgrats steht nun
gerade auf der Sitzfläche
und sucht seine Stütze an der Rücklehne des Stuhles.

Fühlt mit eurer ganzen Aufmerksamkeit,
wie diese Mauer eures Rückgrates eure Hüfte erreicht,
und lehnt euch gegen die Rückenlehne des Stuhles.

Legt nun von der Hüfte an
einen Wirbel nach dem anderen zuoberst auf diese Mauer.
Das Gewicht jedes Wirbels geht nach unten
zu jedem Wirbel, der darunter liegt.
So bildet ihr eine Säule:
zuerst bis zur Hüfte,
dann hinter dem Magen,
und zwischen den Schulterblättern,
jedesmal so, dass ihr
einen Wirbel auf den unteren legt.

Die Säule wird von der Sitzfläche gestützt,
die ihr immer unter euch spürt.
Dann fährt ihr fort,
legt die Nackenwirbel hin,
einen auf dem anderen,
bis ihr schliesslich den Atlaswirbel erreicht.
Dann trägt die Säule den Kopf.

Wenn ihr eure Wirbelsäule so aufbaut,
auf der festen Stütze der Sitzfläche,
werdet ihr ohne Anstrengung
aufrecht auf dem Stuhl sitzen.
Vielleicht lehnt ihr euren Rücken an die Lehne
und findet so eine zusätzliche Stütze im Rücken
neben der Stütze der Sitzfläche des Stuhles.

Der Atem des Raums fliesst
durch alle Wirbel
und durch das Gelenk für den Kopf
zuoberst auf dem Atlaswirbel,
er verbindet sich mit dem Raumatmen
durch all die anderen Gelenke im Körper.

Ihr mögt euch erinnern, wie der Prana-Atem
aus den Gelenken der Oberschenkelknochen
nach unten floss, zu Knien und Knöcheln hin.
Und nach oben zu den Gelenkköpfen
der beiden Oberarmknochen,
und dann in die andere Richtung nach unten
durch Ellbogen, Handgelenke und Finger.

Fügt euer Gefühl und eure Empfindung
des Prana-Atems durch diese Gelenke hinzu,
dem Fluss des Prana-Atems durch eure Wirbelsäule,
und durch alle Gelenke des Kopfes auf der Wirbelsäule.

Und dann lasst eure Aufmerksamkeit sich lösen
von der Aufgabe, die Übung zu schaffen und anzuleiten.
Lasst sie in ihren eigenen Zentren ausruhen.
Da wird sie bleiben, wach, wie es ihrer Natur entspricht,
doch vollständig entspannt; sie empfängt so
das Nachschwingen der Übung, das noch
für eine ganze Weile lebendig bleiben wird,
das Gefühl des Prana-Atems
durch alle Gelenke.
Und ihr werdet aufrecht auf eurem Stuhl sitzen.

Nach Hinten - nach Unten I

Es gibt nur einen Pfad,
dem eure Aufmerksamkeit folgt.
Und wir sollten seine Richtung kennen.
Sie ist nach hinten - nach unten.

Das Gewicht des Körpers, und das Gewicht der Sorgen
alle müssen in den Rücken und die Schädelbasis gehen.
Und dann zur Erde sinken, also
nach hinten - nach unten.

Um zu liegen, zu sitzen, zu hocken,
gehen wir, um diese Bewegungen auszuführen,
nach hinten - nach unten.

Um unser Essen und Trinken zu schmecken,
unseren Atem und Duft zu riechen,
alles kommt und fliesst in unseren Mund,
und unterhalb der Nasenlöchern
auf dem Fluss der Zeit,
alles wird in diese Richtung gehen,
nach hinten - nach unten.

Und wenn wir ruhen möchten oder müssen, und so
einschlafen, wird uns die Bewegung des Schlafes
aufnehmen und das Bewusstsein des Selbst auslöschen,
und uns mitnehmen
zur Quelle des Lebens,
nach hinten, dann nach unten.

In der Meditation, wenn wir versuchen,
in die Tiefe zu tauchen, zur Quelle des Lebens,
in einen Seinszustand eintreten,
müssen wir eine Richtung einnehmen und gehen,
nach hinten - nach unten.

Das erfüllte Leben,
die vollbrachte Bestimmung
wird uns zurücktragen,
auf der Erde zu ruhen, sie werden uns tragen
nach hinten - nach unten.

So
gibt es nur einen Weg zu gehen
für unsere Aufmerksamkeit,
und ihre Richtung sollten wir kennen,

Nach hinten - nach unten.

Nach Hinten - nach Unten II

Es gibt auch nur eine Bewegung,
die von selbst
immer weiter gehen sollte
in diese Richtungen
die ganze Zeit,
nach hinten - nach unten.

Es ist eine öffnende Bewegung
der Tore unserer Sinne,
sie legt die empfindsame Haut frei
im Inneren unserer Ohren, unserer Nase, unserem Mund,
und der Haut der Augen, die Netzhäute,
gegenüber der hereinkommenden Flut der Eindrücke,
die den Nervenbahnen entlang
die Zentren unserer Aufmerksamkeit erreichen,
tief unten in der Schädelbasis
hinter den Ohren.

Unsere Augen schliessen sich, und wir treten
in eine andere Welt ein,
in der wir die hereinkommenden Bilder
nicht mehr sehen.
In unserem Hirn beginnt ein dämmeriges Gefühl.
Und wir spüren nur die Atmosphäre
unseres inneren Lebens.

So lernen wir, in unserem körperlichen Körper
körperliche Empfindungen zu verfeinern.
Und wenn diese körperlichen Empfindungen
uns in die Welt unserer Gefühle führen,
in eine tiefere und ätherischere Region,
dann sinken wir und gehen nach unten
im Inneren unseres Rückens,
bis zum unteren Rand
des Kreuzbeines.

So werden wir
vor diesem Kreuzbein
zum Zentrum unseres Wesens getragen,
zur Quelle des Lebens.

Es ist der Fluss der Lebenskraft,
der Atem im Raum.
Wir bewegen uns auf diesem Fluss der Zeit.
Taucht tief.

Nach Hinten - nach Unten III

Versucht, diese Bewegung eurer Aufmerksamkeit
'nach hinten - nach unten' zu vervollkommnen.
Lernt, sie zu leiten und sie so zu meistern.
Taucht zuerst in den äusseren Raum vor euren Augen,
in den Strom des Raums, der euch trägt,
durch die Tore eurer Sinne,
in euren inneren Raum.

Empfindet und spürt die Richtung dieser Bewegung intensiv.
Werdet eins mit der schöpferischen Essenz des Raumes im Inneren,
die durch alle körperlichen Substanzen eurer Form fliesst,
so dass ihr schöpferisch werden könnt.

Versucht, diesen schöpferischen Zustand des Seins zu erreichen
im Zentrum eures Körpers.
Versucht, aus ihm heraus zu leben und zu lernen,
euch vorzustellen und zu denken,
zu tun, zu handeln, zu sprechen,
all dies auszudrücken,
was sich aus der Quelle des Lebens
in eurer körperlichen Form auszubreiten beginnt,
sichtbar werden will, und zu schwingen
in den klanglichen Gesten von dem, was ihr sagt oder singt,
in eurem Lachen, eurem Weinen, und in eurem Ruf.

Weil ihr schöpferisch sein solltet
in allen Gelegenheiten, die sich im Leben zeigen,
wenn ihr zeigen müsst,
dass der Mensch schöpferisch leben kann,
auch wenn er alt ist,
oder geschwächt durch die vielen Angriffe auf ihn
in dieser, unserer, beschränkten Welt.
Diese Angriffe sind die Ursache,
dass wir diese schöpferische Kraft brauchen,
die uns am Leben erhält in unserer Form,
wie sie im ganzen Universum
jede Form am Leben erhält,
wie klein oder zerbrechlich sie auch sein mag.

Dimension

Nun seid ihr in der Lage
aus dem Inneren, Erkenntnis zu sammeln durch die Empfindung,
wo in eurem inneren Raum die unterschiedlichen Organe
und Teile eures Körpers liegen.

Vielleicht spürt ihr sogar die Bewegungen der Funktionen,
in und durch diese Organe,
und die *Richtungen* dieser funktionellen Bewegungen,
der Struktur der Organe entsprechend.
So könnt ihr mit absoluter Genauigkeit
die natürliche Ordnung in eurem körperlichen Bereich errichten.

Die natürliche Ordnung in einer Form kann nur dann erhalten werden,
wenn das zentrale Organ in seiner Funktion
alle anderen Funktionen in dieser Form koordiniert.

Ihr kennt nun viele Übungen
die aus diesem Zentrum des Gleichgewichts der ganzen Form beginnen,
dem Zentrum des Schwerpunktes.
Es hält nicht nur das Gleichgewicht des körperlichen Gewichtes aufrecht,
es ist das Zentrum, das die Einheit
des körperlichen und seelischen Gleichgewichts bewahrt.

Wir sollten dies spüren und erkennen in unserem körperlichen Gefühl,
und von da aus jedes Organ und jeden Teil unserer Form spüren.
Auch, in und aus welcher Richtung alle Substanzen
der Teile und Organe erneuert
und ihre Funktionen gestützt und bewahrt werden.

All diese natürlichen Prozesse können wir spüren,
in unseren Zentren der Aufmerksamkeit, die die inneren Eindrücke
ihrer Bewegungen im inneren Raum aufnehmen.
Auf dieser Basis könnt ihr jedes Mal eine neue Empfindung
und tieferes Erkennen eures wahren Wesens üben.

Ihr könnt diese verschiedenen Übungen ausführen
und dieses Bewusstsein entwickeln,
und die wahre Beziehung wiederherstellen
zwischen den drei Dimensionen eurer Form.

Viele Texte in den Heiligen Schriften der Welt
werden euch helfen zu verstehen,
und sie werden wirken und in eurem Verständnis
das Verwirklichen der Gegenwart schaffen,
der vier Dimensionen in eurem dreidimensionalen Körper.
Euer dreidimensionaler Körper könnte sich nicht zeigen
ohne die erste Dimension des Raumes,
ohne dass ihr lebendiger Atem die Dimension der Zeit schüfe,
jener der Dauer.

Ohne diesen Atem und diese Dimension
könnte nicht eine einzige Form im Universum
ihren göttlichen Ursprung und Gegenwart
in der Form enthüllen.

Der Heilige Paulus schreibt an die Epheser, 3. Kapitel, Verse 17-19:
'Dass Christus durch den Glauben in euren Herzen wohne
und ihr in der Liebe eingewurzelt und gegründet seid.
So könnt ihr mit allen Heiligen begreifen,
welches die Breite und die Länge und die Tiefe und die Höhe ist,
auch die Liebe Christi erkennen,
die alle Kenntnis übertrifft,
damit ihr erfüllt werdet mit der ganzen Gottesfülle.'

Die Vedas: 'Seid nicht Einseitig, Seid All-Seitig'

'Seid nicht einseitig, seid all-seitig'
Damit wir den Lehren der Vedas entsprechend leben können,
lasst uns die Bedeutung dieses Lehrsatzes verstehen.

Lasst uns zuerst erkennen, dass wir im Alltagsleben
in Kontakt sind mit anderen Wesen und Dingen
in einer einzigen Richtung –
nämlich in der Richtung, in der wir diese Wesen oder Dinge
im Raum um uns herum finden.
So mögen wir erkennen, dass alle Kontakte im Raum
'einseitig' sind und es immer sein werden.
Wie können wir dann je 'all-seitig' sein?

Wir sind uns des äusseren Raumes immer sehr bewusst.
Lasst uns nun vorstellen,
dass sich jemand oder etwas uns nähert
von einer Seite her im Raum.
Sein Bild kommt in unseren inneren Raum
durch die Tore unserer Sinne
und wird aufgenommen von den Zentren unserer Aufmerksamkeit.
Dann sinkt es zu unserem Zentrum des Schwerpunktes,
dort verursacht es Eindrücke und eine innere Erfahrung.

Wenn wir diese zulassen, wird sich
unsere Antwort aus dem Zentrum des Schwerpunktes erheben.
Von da aus wird diese Antwort auf dem Atem des Raumes
in Bewegung und Worten
durch unsere ganze Form getragen
und wird auf alle Seiten hin ausströmen.
So werden unsere Handlungen 'all-seitig' sein.

Emotionalen Ausdruck Meistern

Ihr habt gelernt, euch auszubreiten
und euch nach rückwärts anzulehnen.
Euch aus der Wirbelsäule heraus auszubreiten,
und dann das Gewicht des Körpers, der Arme und des Kopfes
in den Rücken fallen zu lassen, wo ihr euch anlehnt.
Das Gewicht fällt nach unten, zum unteren Rand des Kreuzbeines,
gerade hinter den Gelenken der Oberschenkelknochen.
Es sinkt diesen Oberschenkelknochen entlang
zur Aussenseite der Fersen.
Die äusseren Ränder beider Füsse
sind immer da, wenn sie sich bewegen,
das Gewicht des ganzen Körpers zu tragen
auf dieser festen Stütze.

Dann können alle Organe im Körper ihr Gewicht fallen lassen.
Der Darm, die Milz und Leber,
der Magen und das Herz,
die Lungen und alle Organe in der Kehle,
die Zentren der Aufmerksamkeit in der Schädelbasis.
Die Hirnrinde und die Hirnzellen werden sich dann entspannen.

Nur wenn wir die Organe nach unten fallen lassen,
wird das Hirn aufhören,
unsere seelischen und körperlichen Handlungsweisen
zu dominieren,
zu kommandieren und zu kontrollieren;
und dabei unsere Bewegungen zu mechanisieren
und unsere Funktionen zu beeinträchtigen.

Emotionen verursachen, dass sich die Organe plötzlich heben,
der Magen und das Herz.
Sie blockieren die Kehle,
verursachen Verwüstungen im Hirn,
und brechen die Verbindung mit der Quelle des Lebens.

Um diese verheerenden Wirkungen unserer Emotionen zu meistern,
müssen wir das Gewicht aller Organe fallen lassen
im Körper und dem Kopf, in den Armen und Beinen.

Wenn wir möchten, dass wir es endlich erreichen könnten,
– dies ist das Bedürfnis des Ausdrucks –
dass sich Gefühle schöpferisch
durch unseren ganzen Körper ausbreiten können;
dürfen wir nicht vergessen, dass Ausdruck eine Bewegung ist,
die in unserem Rücken aufsteigt;
und in uns die Funktion der Erinnerung befreit,
sie öffnet das Lagerhaus unserer Erfahrungen in der Vergangenheit.
Diese Bewegung steigt zu den Zentren der Aufmerksamkeit auf.
Und von da aus lässt sie unsere Denkfähigkeiten
teilhaben an den schöpferischen Bewegungen
unseres Ausdrucks.
All unsere Denkzentren im Hirn
werden sich dann in den Dienst
unseres schöpferischen Ausdrucks stellen.

Unsere Beziehung zum Raum Hinter Uns, Innerhalb und Ausserhalb Unseres Körpers

Unser Rücken, unser Becken und unsere Schulterblätter,
der ganzen Wirbelsäule entlang, im Kopf
hinter den Ohrmuscheln in der Schädelbasis –
all diese gehören zum rückwärtigen Teil unseres Körpers.
All diese Teile reichen in den rückwärtigen Raum,
in den Raum hinter uns.

In den Nerven, in den Muskelfasern,
in den Knochen der Wirbelsäule und hinteren Rippen,
im hinteren Teil des Kopfes und des Kreuzbeines,
und in den Fersen,
ist keine Vorwärtsbewegung.
Wenn wir uns voran bewegen, sind all diese rückwärtigen Teile
die Stützen, aus denen sich die Vorwärtsbewegungen abfedern.
Wir müssen das rückwärtige Gefühl in diesen Teilen herstellen
und eine Beziehung schaffen mit dem Raum hinter uns.

In den rückwärtigen Teilen unseres Körpers
liegen all unsere Erfahrungen,
die wir in der Vergangenheit gesammelt haben,
schlafend in den Tiefen unseres Beckens,
zuunterst in unserer Wirbelsäule.
Von da aus sollten wir lernen, schöpferischen Ausdruck
zu meistern, da aus dem Zentrum all das,
was wir ausdrücken müssen,
in diesem rückwärtigen Teil unseres Körpers aufsteigt
in der Wirbelsäule und den Nerven.
In diesem Zentrum ist unsere Vergangenheit mit der Zukunft verbunden
ohne einen Bruch.

Gleichgewicht -
die Beziehung zwischen Gewicht und Stütze

Sich zu bewegen bedeutet, mit dem Gewicht des Körpers zu spielen.
Um den Körper im Gleichgewicht zu halten,
brauchen wir Stützen.

Daher erwartet das Gleichgewicht, dass ihr
die vertraute Beziehung zwischen dem Gewicht eines Körpers
und seinen Stützen kennt und spürt.

In dieser Beziehung spielt es keine Rolle
wie gross das Gewicht des Körperumfanges ist.
Es wird leichter sein, einen Baumstamm,
der nur mit Hilfe eines Krans gehoben werden kann,
im Gleichgewicht zu halten als eine kleine leichte Feder,
die kaum Gewicht aufweist.

Das Gewicht muss sich auf der Stütze ausbreiten,
wie klein sie auch sei.
Das Gewicht darf nicht zusammengezogen werden,
und jener, der Gleichgewicht sucht, muss lernen,
das Gewicht des Körpers zuerst im Rücken auszubreiten.
Breitet das Gewicht aus, von der Wirbelsäule weg.
Im Hirn, in der Schädelbasis,
in der Nase, im Kinn, in der Maske,
im ganzen Kopf.
Balanciert den Kopf auf der kleinen Stütze des Atlaswirbels,
dem obersten Wirbel.

Von zuoberst auf der Wirbelsäule
breitet sich der Körper nach rechts und links aus,
in zwei Hälften, gleich in ihrer Form.

Versucht, rechts und links im Inneren des Körpers zu spüren,
fühlt seinen reinen Ausdruck im Raum,
wie er sich aus der Wirbelsäule heraus in gegensätzlich Richtungen weitet.
Der natürlichen Struktur des Körpers entsprechend
ist der ganze Körper ein räumlicher Ausdruck in sechs Richtungen.

Richtung ist reiner Ausdruck im Raum.

Tief unten im Becken sinkt das Gewicht des Körpers
im Rücken und breitet sich nach rechts und links aus
hinter den Oberschenkelknochen.

Lasst eure Beine
die Rückseite eures Körpers stützen, wo ihr anlehnt,
und breitet alle Muskeln aus,
wie Flügel, die euch tragen
im Gleichgewicht.
Sogar dann, wenn ihr euch
in der wunderbaren Kunst des klassischen Ballets
wie ein sanfter Vogel bewegt, der seine Schwingen ausbreitet;
oder wenn ihr steht, auf der kleinsten Stütze
eines einzelnen Zehs,
in der ausgewogenen Schwingung der Schönheit.

Aller Ausdruck ist Bewegung

Aller Ausdruck ist Bewegung.
Die Bewegungen beginnen mit Raum im Inneren eures Körpers,
und fliessen durch die verschiedenen Teile des Körpers.
Sie werden sichtbar in unseren Haltungen, unserem Gesichtsausdruck,
in unseren Gesten und unseren Bewegungen im äusseren Raum.
Wir könnten all diese Bewegungen
unsere Bewegungssprache nennen.
Wir können uns auch im Lied und in der Sprache ausdrücken,
in der Sprache von Klang und Worten.

Der Grundausdruck aller Bewegung ist Richtung.
Ohne Bewegung ist kein Ausdruck möglich,
weder sichtbar noch hörbar.
Sogar wenn der Körper schwer verwundet ist,
wird die Haltung und der Gesichtsausdruck,
ausdrucksvoll sein, wie beschädigt auch immer.
Weil solange wir leben,
ist in uns das Ausströmen der Lebenskraft;
dies bedeutet, dass die Bewegung des Lebens,
durch ihr Sammeln-Ausstrahlen der Lebenskraft
dieses Ausströmen unterstützen wird, bis wir sterben.

Dieses Sammeln-Ausstrahlen, der Atem des Lebens,
trägt alle Bewegungen des menschlichen Körpers.
Aller sichtbarer und hörbarer Ausdruck
hängt von dieser Grundbewegung des Lebensatems ab.
Die Essenz dieses Atems ist Raum.
Die Grundfunktionen des menschlichen Körpers sind Raumfunktionen.
Die reine schöpferische ausdrucksfähige Essenz in der Form ist Richtung.

Die Grundbedeutung von allem, was wir ausdrücken
in den Sprachen von Bewegung und Klang,
zeigt sich in der inneren Richtung dieser Bewegungen.

Das Meiste davon wird gelehrt
in der Natya Shastra, in der Bhagavad Gita,
im Tao Te Ching, und in vielen Gedichten von Chuan T'se.
In den Zivilisationen des Orients gab es
ein anthropologisches Bewusstsein der menschlichen Entwicklung.
Die gewöhnlichen Leute waren in vielen Dingen
immer noch den Primaten nahe:
sie waren beschäftigt, ihr Gebiet und Haus zu verteidigen,
bearbeiteten den Boden, um Nahrung und Trinken zu haben,
für sich und ihre Nachkommen.
Sie lebten und konzentrierten sich darauf,
Dinge zu besitzen und festzuhalten,
zu fangen und auszubeuten.
Doch da waren jene, die sich der Evolution bewusst waren,
sie folgten und übten die Lehren der grossen Meister,
wie Buddha und der Rishis,
die die Veden und die Shastras schrieben.
Da waren die Dichter der epischen Gedichte,
dem Mahabarata, und dem Ramayana.
Da gab es soziale Institutionen, Riten, Zeremonien
und künstlerische Aufführungen auf der Bühne.

Die Verantwortung dieser Künstler war es,
die Körper und Gemüter der Zuhörer zu öffnen,
in den Menschen den fragenden Zustand zu schaffen.

Daher mussten die Künstler selber
in diesen ursprünglichen fragenden Zustand eintreten;
und in ihrem Handeln, und dem Text ihrer Stücke
mussten sie die Fragen beantworten, die
in den Gemütern der Menschen wirkten,
während sich das Theaterstück entfaltete.

In diesen zivilisierten Gemeinschaften lebte noch,
in denen, die regierten, ein klares Bewusstsein und Wissen
von den Problemen und ihren Lösungen.
Die Künstler waren für die Techniken ihrer Berufe natürlich begabt.

Dies ist der Grund, weshalb das Natya Shastra
diese Techniken nicht beschreibt.
Ihr könnt sie in diesem Buch der Selbst-Wiedererziehung finden,
da wir, wie diese Künstler, die vor so langer Zeit lebten,
diese Techniken beherrschen lernten.
In meinem Ehemann waren diese Techniken so tief angeboren,
dass er sie nicht beschreiben und diskutieren wollte.

In mir selbst hatte ich ein tiefes Bewusstsein dieser Techniken,
doch verstummten sie mit den westlichen Einflüssen.
Meine Begabung wurde sehr entwickelt
durch die Lehren von Inayat Khan
und der dauernden und innigen Zusammenarbeit
mit meinem Ehemann.

Sie wurde zu einem bewussten Prozess im Inneren,
daher versuche ich, diese Techniken
nach meinem besten Wissen zu lehren.
Ich weiss, dass in der Tiefe unseres Wesens
und im Körper jedes menschlichen Wesens
die Gegenwart da ist
und auch immer ein vages Erkennen des 'Zustandes des Seins'.

Um lehren zu können,
muss ich den Zustand jedes einzelnen Schülers
in mein tiefstes Bewusstsein einlassen.
Ich lausche der Gegenwart in mir drin.
Dann kann ich erkennen,
durch den Atem des Lebens
und das Wirken seines Raums in meinem Körper und Gemüt,
wie in einem Schüler dieser 'Zustand des Seins' erweckt wird.

Dann fängt der Schüler an zu erkennen,
dass er in seinem eigenen Inneren
verbunden sein kann
mit seinem eigenen Meister.
Die Gegenwart in ihm wird ihn lehren, durch Inspiration,
durch den schöpferischen Atem,
der Stütze allen schöpferischen Ausdrucks
in Bewegung und Sprache.

Lasst die Gegenwart des Schöpfers

Möge die Gegenwart des Schöpfers,
wenn wir sie nicht gefangennehmen
in unseren menschlichen Vorstellungen,
der Allgegenwärtig ist in Seiner Schöpfung,
sich nicht bewegt doch Ist
uns inspirieren, das auszudrücken, was Er enthüllt
in und durch die Substanzen des Nervensystems in unserem Körper.

Ich kann erkennen, dass die Nervenbahnen in unserem Hirn
und auch in unseren Körpern,
im vollkommenen Gleichgewicht des Nervensystems
sich an verschiedenen Orten kreuzen.
Das erste Kreuzen findet statt
im hintersten Teil des Schädels,
wo die optischen Nerven
den Schädelknochen erreichen in einer Bewegung nach hinten,
und dann ihre Richtung ändern in einer Bewegung nach unten,
zum Thalamus, (dem 'Zwischenhirn,
das die Griechen 'Schlafgemach' nennen)
und in diesem Organ kreuzen sie sich.

Die Nervenbahnen teilen ihre Fasern, wenn sie sich kreuzen.
Die einen bewegen sich nach unten zu den motorischen Zentren,
und andere zu den Zentren der Aufmerksamkeit.
Diese Fasern bilden ein ganz enges Dreieck,
eine kurze Distanz von der Spitze des Atlaswirbels
zur Tiefe der Schädelbasis, unten im Nacken,
da bewegen sie sich rechts und links zu beiden Ohrmuscheln,
wo sie sofort die inneren Häute der Trommelfelle erreichen.
Wir haben ja schon gelernt, da nach Innen zu hören.

Zuunterst im Nacken findet ein zweites Kreuzen statt.
Die meisten von uns kennen diese Tatsache,
weil wir gelernt haben, dass die linke Seite des Hirns
die Bewegungen der rechten Seite unseres Körpers befreit,
und umgekehrt –
die rechte Seite die Bewegungen der linken Seite befreit.
Dies schafft die pendelnde Wechselbewegung des Gehens,
eine der ersten Bewegungen eines Menschen.
Dies ist die Funktion der Fasern der Nervenbahnen,
die sich nach unten bewegt haben zu diesen motorischen Zentren
und zu den Zentren der Aufmerksamkeit.

Aus diesen Zentren heraus bewegen sich fünf gerade Linien nach unten
auf der Rückseite unseres Nackens, in unserem Körper
bis zum Boden unseres Beckens.
Am untersten Ende der Wirbelsäule,
beim unendlichen Organ des Gleichgewichts
– unserem Zentrum des Schwerpunktes –
findet ein letztes Kreuzen statt
und führt zu beiden Seiten unserer Beine
durch unsere Gesässmuskeln und fascia lata (Leiste)
zu den äusseren Sehnen unserer Kniekehlen.
Von da sinkt die Bewegung zu unseren Knöcheln
und den äusseren Rändern der Fersen,
da finden sie unter den Fusssohlen
die einzige äussere Stütze –
die Erde,
das Geschenk des Schöpfers an alle lebenden Geschöpfe,
das uns mit Nahrung, Trinken, Luft und Stütze versorgt.

Da wir dieses Kreuzen der Raumbewegungen nicht ausführen,
brauchen wir sie auch nicht festzumachen, zu überwachen,
zu benutzen oder kontrollieren zu wollen.
Die Enthüllung der Raumbewegungen
der unendlichen Essenz des Raumes,
zeigt sich mühelos in der vollkommenen Einheit der beiden Teile
unseres Nervensystems.
Diese Bewegungen entwischen den meisten
aus ihrer Aufmerksamkeit, weil sie in uns so verkümmert ist.
Doch der wahre Zustand des Gleichgewichts
kann in uns wieder hergestellt werden.
Dies ist der Grund, weshalb ich diese genauen Geschehnisse
zu beschreiben versuche, um diese bewusste Aufmerksamkeit
wieder herzustellen.

In der Kunst Jodjanas wurde
dieses Gesetz des Gleichgewichts sichtbar und so deutlich.
Die vollkommene Einheit der gegensätzlichen Richtungen
in seinen Haltungen und Bewegungen.
Er nannte dies 'Symmetrie'.

Der Schöpfer IST in Seiner Schöpfung

Der Schöpfer IST in Seiner Schöpfung.
Mit einfachen Worten können wir sagen,
dass ER ALLGEGENWÄRTIG ist.

Wir Menschen benennen Ihn meistens mit einem Eigenschaftswort,
mit zahllosen Eigenschaften, die etwas bezeichnen,
was wir Menschen uns von Ihm wünschen,
um einem persönlichen Wunsch zu entsprechen,
oder um eine kleinliche menschliche Gunst zu erlangen.

Da der Schöpfer überall in Seiner Schöpfung ist,
bewegt Er sich nicht.
Er ist die einzige Gegenwart, die sich nie bewegt,
und ist dadurch die einzige immer gegenwärtige Stütze
in jeder Faser aller Formen.

Einführung in die 'Stützen'

Da wir uns in den Bewegungen des Körpers ausdrücken
und in den Bewegungen des Atems im klanglichen Ausdruck,
in Sprache und Lied,
müssen wir einfach erkennen, dass jede Bewegung Stütze braucht.
Wir haben das Gefühl und das Bewusstsein der Stützen verloren.
Stützen verlassen sich auf unsere Aufmerksamkeit.
Es ist die Aufmerksamkeit, die in den Stützen
das Gefühl und das Bewusstsein weckt, da zu sein, wach,
und sie erzählt uns, aus welchem Punkt heraus eine Bewegung beginnt.

So verwirklichen wir den reinen Ausdruck
der Richtungen dieser Bewegungen.
Wir müssen das Gefühl und das Bewusstsein
der immer gegenwärtigen Verbindung
unserer Stützen und Bewegungen
mit den Zentren der Aufmerksamkeit
wieder herstellen.

Die Zentren der Aufmerksamkeit sind da,
sie spiegeln diese Verbindung.

Die Rotations-Achse

Auf jeder Rotations-Achse der vier Gliedmassen
können wir eine Gruppe von drei Stützen finden.
Alle Bewegungen der Hände, der Finger,
haben ihre Stütze unterhalb des äusseren Handwurzelknochens,
Da es so ist, suchen alle Teile der körperlichen Substanzen der Hand
nach einer Stütze und erhalten sie unterhalb des Handwurzelknochens.

Der Mittelfinger, der Ringfinger und der kleine Finger
strecken sich in der linken Hand nach links und nach aussen,
in der rechten Hand nach rechts und nach aussen.
Aus dem Inneren des Mittelfingers können wir spüren,
wie sich der Zeigefinger nach vorne streckt.
Der Daumen hat eine innige Beziehung
mit dem Zeigefinger,
doch kann der Daumen auch alle anderen Finger berühren.

Die Finger wachsen aus dem Handgelenk
(da sind sieben kleine Knochen, die den Handrücken bilden)
und formen die Schale der Hand.
Die ganze Hand kann vollständig entspannen,
wenn wir uns der Stütze unterhalb
des Handwurzelknochens bewusst bleiben.

Wenn wir der Rotations-Achse entlang nach oben folgen,
zum Ellbogen hin, gelangen wir zur zweiten Stütze im Arm.
Es ist das Elbogengelenk zwischen drei kleinen Knochen-Köpfen.
Dieses Gelenk gibt allen Substanzen und allen Bewegungen
des Unterarms seine Stütze.

Der Unterarm kann vollständig entspannen
wenn wir uns dieser Stütze bewusst bleiben.

Alle Bewegungen des Unterarms wachsen aus dieser Stütze heraus.
Wenn wir weiter nach oben gehen, müssen wir unsere Aufmerksamkeit
auf die Innenseiten der Schulterblätter richten,
um die Stützen für alle Substanzen und alle Bewegungen
des ganzen Armes zu finden.

Diese drei Stützen, wie wir sagten,
sind durch die Rotations-Achse verbunden;
durch diese unterstützt der Atem des Lebens die Armbewegungen.
Da die Gruppe der drei Stützen
jeden Partikel der Substanzen des Armes trägt,
werden die Armbewegungen sehr leicht,
so dass sie jede Bewegung ausführen können,
in jedem Rhythmus, schnell oder langsam.

In den Beinen werden wir diese gleichen Prinzipien wieder erkennen.
Die beiden Gruppen von drei Stützen in den Beinen
liegen alle in ihren Rotations-Achsen.

Die Zehen wachsen im Fuss aus der Ferse heraus,
und finden die Stütze für alle ihre Bewegungen und all ihre Substanzen
unter der äusseren Ferse,
und hinter dem äusseren Knöchel.

Die Tanzkunst im Orient
ist in den Fussbewegungen
ebenso reich und vielfältig im Ausdruck
wie in den Bewegungen der Hände und Finger.

Das Gewicht der Beine und der ganze Körper
wird von der gleichen Stütze getragen,
der äusseren Stütze des Bodens unter den Füssen.
Doch die Bewegungen und Substanzen der unteren Teilen der Beine
werden durch die äusseren Bänder gestützt,
die den Rand der Schale bilden
unter dem Kniegelenk.

Wir können die dritte Stütze
für alle Bewegungen und Substanzen der Oberschenkel
in der Rotations-Achse finden, die der äusseren Hinterseite
unterhalb der Oberschenkelknochen aufsteigt.
Diese Stützen liegen hinter Kopf und Hals der Oberschenkelknochen,
und innerhalb der Pfannen dieser Knochen im Becken.

Die Drei Achsen des Raum-Skeletts
Sechs Richtungen, Die Stützen

Der menschliche Körper hat drei Dimensionen.
Aus seinem Zentrum der Schwerkraft
wirkt die volle Konzentration-Ausstrahlung der Schöpferischen Essenz,
die in einer dreidimensionalen Form
sichtbar wird in unserer individuellen Ausstrahlung.
Und im lebendigen Körper zeigt sie sich im Gleichgewicht.
Unsere dreidimensionale Form
hat drei Achsen, jede Achse führt
in einer ausbreitenden Bewegung aus dem Zentrum
in gegensätzliche Richtungen.
Eine vertikale Achse: nach unten-nach oben;
eine horizontale Achse, die sich ausdehnt: nach hinten-nach vorne;
eine andere horizontale Achse, die sich ausdehnt: nach links-nach rechts.

Die drei formen gemeinsam unser *Raum-Skelett.*

So können wir uns in unserem Austausch mit anderen Formen im Raum
in unendlicher Vielfalt ausdrücken,
und in unendlichen Formen der Koordination,
in sechs Richtungen.

Jede Achse macht Bewegungen des Ausdrucks möglich,
aus ihrem Zentrum heraus in zwei gegensätzlichen Richtungen.
Daher wächst jede Bewegung auf ihrer Bahn heraus
und *findet Stütze* in der gegensätzlichen Richtung.
Jede *Aufwärts*-Bewegung wird *von unten* gestützt.
Die Erde ist unsere grundlegende äussere Stütze.

Jede *Vorwärts*-Bewegung muss aus unserem *Rücken*
wachsen und gestützt werden.
Unsere Bewegungen nach *links* finden ihr Gegengewicht
und ihre Stütze in der *rechten Seite* unserer Körpers
und umgekehrt.

Da sind, als Ergänzung zu den äusseren Stützen
der Erde unter uns,
und der zentralen seelischen Stütze unseres Zentrums
des Schwerpunktes im Beckenboden,
dreiunddreissig Stützen, die auf der Rückseite unseres Körpers liegen,
alle verbunden und koordiniert in einer nach unten führenden Richtung.

Die zentrale seelische Stütze aus dem Zentrum des Schwerpunktes,
koordiniert mit unseren beiden Zentren der Aufmerksamkeit,
bewahren das vollkommene seelische und körperliche
Gleichgewicht in unserer Form.
Wir können lernen, uns der dreiunddreissig erwähnten Stützen
bewusst zu werden und sie zu meistern,
weil sich das Organ unserer Aufmerksamkeit
und all die motorischen Fähigkeiten
im Kleinhirn, dem Cerebellum, befinden,
in der Hinterseite unseres Kopfes.

Es besteht eine logische Beziehung
zwischen unserer Fähigkeit, uns zu bewegen
und den Zentren der Aufmerksamkeit,
die in einer nach unten gerichteten Bewegung
die dreiunddreissig *absteigenden Stützen*
auf der Rückseite unseres Körpers und Gliedern koordinieren.

Wir können diese dreiunddreissig Stützen *fühlen*
wie dreiunddreissig Tasten eines Klaviers;
wenn wir uns auf ihnen bewegen, können wir
Melodien von Bewegungen und Akkorden improvisieren.

Wir können auf diesem Klavier wie ein Pianist spielen,
den die Anzahl der Tasten nicht behindern.
Dann können wir unseren Bewegungen zuhören,
sie werden uns sagen, wie wir uns bewegen können,
und wie dieser wunderbare Fluss der Bewegung
in unserem inneren Raum stattfindet.

Unsere Zentren der Aufmerksamkeit öffnen sich,
und alle Hirnzellen und Hirnzentren entspannen sich und hören zu.
Wir müssen nur fragen:
'Wie fühlt es sich an, wie klingt es?'
Und wir werden getragen auf dem fliessenden Rhythmus
der Melodien und Akkorden der Bewegung.

Jene, die uns in der Bewegung sehen,
werden diese Improvisationen wahrnehmen
und mit uns den Ausdruck dieser schöpferischen Erfahrung erleben.

DIAGRAM OF THE 33 SUPPORTS
AND ROTATION AXIS
IN THE BACK OF THE BODY

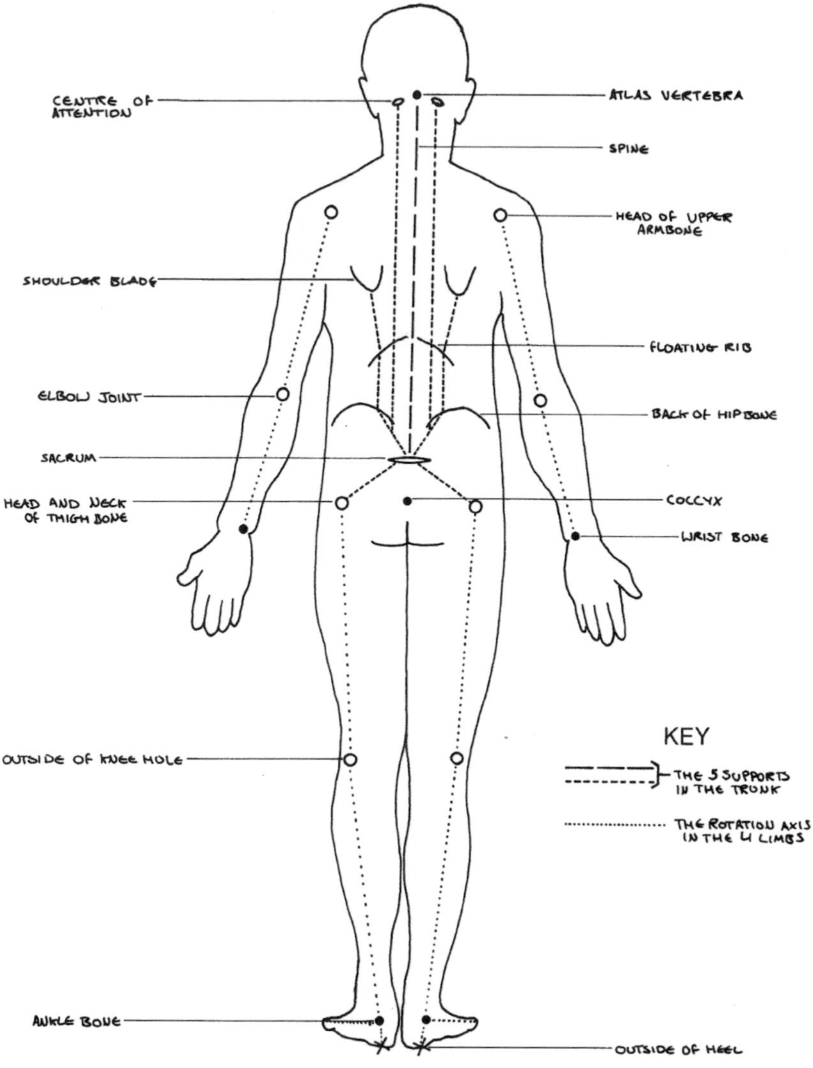

Die Elf Gruppen von Drei Stützen

Lasst uns nun unsere Aufmerksamkeit öffnen
gegenüber all den zentralen Stützen
der elf Gruppen von drei Stützen im Körper.

Wir beginnen mit der Gruppe
der fünf vereinten Stützen im Körper.
Die ganze Länge der Wirbelsäule ist eine zentrale Stütze,
sie gibt die eine Stütze in ihrem obersten Wirbel
in einer Aufwärts-Rückwärts-Richtung
im Zentrum der Rückseite unseres Schädels.
Und zuunterst in der Wirbelsäule
liegt die Stütze über dem Kreuzbein
sie geht nach unten-nach vorne.
Das Fühlen von ‘nach hinten-nach oben‘ zuoberst
und ‘nach unten-nach vorne‘ zuunterst
schafft ein Gleichgewicht, wenn wir uns im Raum bewegen.

In beiden Beinen liegt
die zentrale Stütze in den Gruppen der drei Stützen
auf der Aussenseite der Kniekehlen;
daraus wächst eine Beziehung
nach unten hinter den Knöcheln
und unterhalb der Aussenseite der Fersen.
Nach oben gerichtet, stützt die zentrale Stütze der Kniekehlen
die Köpfe und Hälse der Oberschenkelknochen.
Diese Knochen werden gestützt
gegen die Rückseite der Höhlungen,
in denen diese Knochen liegen.

Die zentrale Stütze in den Armen
liegt in den Ellenbogen-Gelenken.
Von da nach unten
finden wir die Stützen unterhalb der Handwurzelknochen;
von da aus finden alle Bewegungen
von Händen und Fingern ihre Stütze.
Die Ellbogen-Gelenke stützen auch
die Bewegungen der Oberarmknochen,
und finden Stütze innerhalb der Schulterblätter.

Die Bewegungen der Arme und Hände
werden von den Beinen unterstützt.
Wir finden auf der Aussenseite unseres Rückens
eine Gruppe von fünf Stützen,
die die Bewegungen der Arme und Beine verbinden.
Die zentrale Stütze der Gruppe von fünf Stützen
liegt in der Hüfte,
wo sich die frei schwebenden Rippen neigen,
um in einer nach-unten-Bewegung Stütze zu finden
auf der Rückseite der Hüftknochen.
Diese Bewegung fliesst weiter nach unten zum Rückgrat,
wo die Höhlungen, in denen die Köpfe und Hälse
der Oberschenkelknochen liegen, ihre Stütze finden.
In einer Aufwärts-Bewegung unterstützt
die zentrale Stützebene im Rücken die Armbewegungen;
sie trägt aus der oberen Stütze innerhalb der Schulterblätter heraus
all unsere Armbewegungen.

Schafft euch eine gedankliche Klarheit
über die Achsen in den vier Gliedmassen,
die verbunden sind durch die Gruppen von fünf Stützen im Körper.
Die Bewegungen, die die Rotations-Achsen
in Armen und Beinen verbinden,
sind auf einfach und höchst wunderbare Weise koordiniert.

Aus der Innenseite der Schulterblätter heraus
fliessen die Gruppen der drei Stützen in den Armen
durch die Stützen der Ellbogengelenke nach unten
bis unter die Handwurzelknochen.

Im Körper finden wir auf der Aussenseite
die Gruppen der drei Stützen,
die die Bewegungen von Armen und Beinen verbinden.
Die Stützen aus der Innenseite der Schulterblätter
fliessen durch die Stützen, die Rippen und Hüftknochen verbinden,
nach unten und weiter hinunter zu den Stützen
in den Höhlungen der Oberschenkelknochen.

Raum-Wirkungen sind das Wirken der Dauernden Erneuerung

Raum-Wirkungen sind das Wirken der dauernden Erneuerung.
Wir werden ihres Wirkens gewahr durch Eindrücke.
Raum-Wirkungen sind gleichzeitig
das Wirken der dauernden Enthüllung.
Ihr Wunsch ist, enthüllt zu werden,
ausgedrückt zu werden.
Als Geschehnisse sprechen sie zu unserer Aufmerksamkeit,
sie erzählen uns ihre Geschichte durch die Eindrücke,
als Offenbarung möchten sie erzählt werden.
Sie sind unser Zustand des Seins,
unser Lebendigsein.
Sind finden Raum,
sie finden ihren Ort
in allen Formen, die sich im Universum manifestieren.

Weitere Informationen über das Zentrum des Schwerpunktes

Das Zentrum des Schwerpunktes stützt alle Spannungen,
die seelischen, geistigen und emotionalen.
Es schafft die körperlichen Stützen, die wir brauchen
für unsere Bewegungen und Sprache,
dank denen wir diese seelischen Spannungen
in Bewegungen und Worte übersetzen.

In unserem Körper sind dreiunddreissig Stützen:
für den Atem, für den Kopf,
und, wie wir sahen, für alle Bewegungen
unseres Körpers, unserer Beinen und Arme.

Das ganze Gewicht unseres Körpers
wird von der Erde gestützt,
und durch andere äussere Stützen
wie Felsbrocken, Baumstämme;
und im Haus
durch Böden, Betten und Matratzen,
Stühle, Kissen und Teppiche.

Unsere Aufmerksamkeit sollte immer
nach Stützen suchen,
und uns ihrer bewusst bleiben
wenn wir uns bewegen.

Die Stützen suchen nie nach Dingen, die sie stützen könnten.
Sie sind einfach da.
Und wir,
wir sollten nach ihnen suchen.
Und ihren Dienst so annehmen,
wie sie unser Gewicht annehmen.
Versteht und erkennt dies.

Bleibt also mit eurer vollen Aufmerksamkeit
immer auf die Stützen gerichtet,
in der *gegensätzlichen* Richtung
zur Bewegungsrichtung.

Teil 5

Wieder-Erziehung der Sinne

Um unsere Aufmerksamkeit zu meistern
und sie die vollständige Empfänglichkeit
in unserem ganzen Körper wieder schaffen und einrichten
zu lassen, müssen wir zuerst damit beginnen,
die Sinne wieder zu erziehen.

Unsere Sinne müssen wieder zu Toren werden,
durch die alle Äussere-Form
in uns eintreten
und uns beeindrucken kann,
indem sie die Zentren unserer Aufmerksamkeit erreicht,
tief unten in der Schädelbasis,
links und rechts
unter und hinter den Ohren.

Der Berührungs-Sinn

All unsere Sinne hängen vom Berühren ab.
Unsere Haut umhüllt das ganze Reich unseres Körpers.
Die Netzhäute sind die empfindsamen inneren Häute unserer Augen.
Im Inneren unserer Ohren liegen die Häute unserer Trommelfelle.
Tief in unserem Mund lässt uns die Haut des Gaumens schmecken.
Die Haut innerhalb der Nasenflügel dienen unserem Geruchssinn,
er liegt unserem Geschmackssinn nahe.

Unterschiedliche Schwingungen von Licht und Klang,
und auch Substanzen wie die Luft, die Gerüche trägt,
berühren ohne Unterlass all diese Häute,
sie kommen in unseren Körper und verursachen Empfindungen,
die den Bahnen unseres Nervensystems entlang fliessen.
Wenn sie die Zentren unserer Aufmerksamkeit erreichen,
schaffen sie Eindrücke.
Alle Eindrücke kommen in diesen Zentren zusammen und verschmelzen.
Doch jeder Sinn hat seine eigene Sprache,
um uns darüber zu informieren,
dass wir sehen, oder hören, fühlen, riechen oder schmecken.

Alle Schwingungen und Substanzen
kommen ebenso durch die Poren der Haut,
die unsere ganze Form bedeckt, herein.
Da sind in unserem Körper Orte
die sehr empfindsam sind, zum Beispiel
gegenüber der Berührung von Klangschwingungen,
wie die Pfannen im Becken,
in denen sich die Köpfe unserer Oberschenkelknochen bewegen.
Hier erweckt die Musik Eindrücke in diesen Pfannen,
diese wirken direkt auf die Beine.

So wird der Tanz geboren,
ohne dass sich das Hirn dazwischen drängt.

Die Pfannen der Armknochen sind innig verbunden.
mit den Pfannen der Oberschenkelknochen;
und die Oberschenkelknochen antworten immer
direkt und intensiv auf Klang;
deshalb liegt in all diesen Pfannen
ein angeborenes Bewusstsein eines inneren Rhythmus.
Die Pfannen der Oberschenkelknochen liegen ganz nahe
beim Zentrum des Gleichgewichts in unserem Körper,
der Quelle unseres Lebens.
Von da aus fliesst der Atem der schöpferischen Kraft,
durch alle Gelenke.
Er fliesst durch den ganzen Körper und darüber hinaus.
Durch die Schenkel, die Knie, die Fussgelenke,
durch Füsse und Zehen nach unten,
und nach oben durch die Pfannen hinter den Achselhöhlen,
hinunter durch die Arme,
Ellbogen, Handgelenke und durch die Finger.

Das Fliessen des Lebensatems durch die ganze Form
ist mühelos, spontan und intensiv
und koordiniert alle verschiedenen Teile des Körpers
und ermöglicht ihm, sich im äusseren Raum zu bewegen.

Der Sinn von Geschmack und Duft

In diesem Buch habt ihr gelernt,
wie am allerersten Tag des Lebens
jedes Menschen
der Sinn von Geschmack und Geruch
geboren wird,
wenn Hände uns
in das Bett unserer Mutter tragen;
dann er-leben wir die Wärme
des Körpers unserer Mutter,
und finden die kostbare Nahrung,
die die Natur für uns vorbereitet hat.
Dann gibt uns der Geschmack, was Nahrung und Trinken ist,
eine neue Empfindung
durch seinen Geruch.
Später werden diese natürlichen Funktionen schwächer
wegen der unwissenden Erziehung,
die Kinder erhalten.

Über das Sehen

Bilder von Formen im äusseren Raum
fallen auf die Netzhäute,
sie reisen den Nerven entlang,
die zu den Zentren der Aufmerksamkeit führen,
in der Basis unseres Schädelknochens.

Die Bilder gleiten den Nerven entlang
in einer Bewegung nach hinten,
fallen leicht ab in Richtung der Zentren unserer Aufmerksamkeit
links und rechts
hinter den Ohren.
Diese Bewegung erreicht auch
die Ohrhöhlen.
So werden die Eindrücke des Hörens und Sehens
miteinander verbunden.

Die Bewegung der Bilder den Nerven entlang
bringen die Empfindung des Sehens hervor.
Die Bewegung darf nicht gestört werden, wenn wir versuchen,
uns auf die Dinge, die wir sehen, zu konzentrieren,
indem wir ihnen eine falsche Bewegung
in der Gegenrichtung aufzwingen,
von den Zentren der Aufmerksamkeit zu den Netzhäuten hin.
Die Nerven ziehen sich dann zusammen
und verursachen Reaktionen
in den Augen und dem Gesicht,
sie bringen die feinen Muskeln um die Augen herum
in Aufruhr.

Diese zarten Muskeln drücken
die subtilen Schattierungen von Gefühlen und Gedanken aus.

Wenn wir lernen, die Bilder unbelästigt
in die Zentren unserer Aufmerksamkeit nach Hause kommen zu lassen,
werden wir erkennen und uns bewusst zu werden,
dass wir nicht nur die Formen sehen im Raum,
sondern auch, was da ist und was sich in ihnen bewegt.

Nach und nach werden wir
eine andere menschliche Eigenschaft entwickeln.
Wir werden 'Einsicht' erlangen.

Gestern, nach der Arbeit mit meiner lieben Lilian am 'Sehen'

Gestern, nach der Arbeit mit meiner lieben Lilian am 'Sehen'
schrieb ich ein kurzes Gedicht über das 'Hören'.
Am Abend kam David auf Besuch zu mir.
Wir waren beide sehr müde.
Doch so glücklich, zusammen zu sein
auf dem Fluss der Augenblicke,
auf dem die fortschreitende Zeit - die Zukunft -
in unsere Körper floss und uns umarmte.
Wir beide lauschten in innerer Stille
diesem Vorbeifliessen der Zeit,
wie wenn ein feiner Atem
unsere Ohrläppchen streicheln würde.
Und mein Gedicht fing an, uns eine Lektion zu lehren.
David bat mich, ihm das Gedicht vorzulesen.
So las ich ihm vor.
Manchmal sagte er: 'Lies diese Zeilen nochmals'.
Ich wiederholte sie für ihn.
Plötzlich spürte ich, wie meine inneren dynamischen Schwingungen
die Zeilen des Gedichtes so intensiv trugen,
dass ich das erste Mal David genau erklären konnte,
wie das, was wir sagen,
auf dem schöpferischen Atem des Lebens
getragen werden kann.

Schüler bitten mich oft, ihnen dies zu erklären.
Da erkannte ich, dass ich zwar einen Text leicht meistere im Ausdruck,
doch nicht in der Lage bin, die Schüler zu lehren, 'wie ich dies tue'.
Es ist nicht ein 'Tun',
es 'geschieht'.

Es geschieht dann, wenn wir den schöpferischen Atem uns tragen lassen,
und ihm erlauben, in dem zu schwingen, was wir sagen.
Dann wird jedes Wort in der reinen Essenz
seiner innere Bedeutung schwingen.

Menschen, die zuhören und jemand anderem zuschauen,
im Leben oder auf der Bühne,
öffnen ihre Aufmerksamkeit gegenüber dem, der handelt und spricht.
Und so gehen sie in einen Zustand des inneren Befragens.
Der 'Handelnde' sollte daher, bevor er handelt oder spricht,
in diesen gleichen Zustand hineingehen,
und so das nötige innere Einssein mit den Zuhörenden
herstellen.

Bitte folgt nun dem, was in mir so bewusst geschah,
als ich die drei Zeilen des Gedichtes David wiederholte.

Die Drei Zeilen

Hier sind die drei Zeilen,
die ich für David mehrere Male wiederholte.
'Von den Höhlen der Ohren aus
ist da, nach unten gerichtet,
eine direkte Verbindung mit den Fersen.'

Die vorhergehenden Zeilen im Gedicht hatten in David und mir
eine starke Empfindung gegenüber
den kleinen Flügeln unserer Ohrläppchen geweckt,
die sich ausbreiteten und die Höhlen unserer Ohren beschützten.
Während des Abends hatten wir uns schon
auf die Schwingungen des Einsseins eingestimmt;
da wurden wir uns der gleichen Schöpferischen Gegenwart
in uns beiden gewahr.

Als ich so die einfachen Worten der ersten Zeile sprach,
wurde ganz natürlich die Frage beantwortet: 'Woher?'
Und jedes Mal fragte David:
'Kannst du mir nochmals sagen 'woher?'
Ich schuf in mir selber jedesmal diese gleiche Frage, wenn er mich fragte,
hörte einfach zu, wie die Frage in mir drin beantwortet wurde:
'Woher?'
Und ich sagte, 'aus den Höhlen der Ohren heraus,
da beginnt eine Bewegung.'
Und als vollkommen natürliche Konsequenz daraus,
war da die Frage zu dieser Bewegung:
'in welche Richtung bewegt sie sich?'

In der zweiten Zeile liegt die Antwort darauf,
was in meinem Inneren geschieht,
und dies muss ausgesprochen werden, wenn es geschieht:
'nach unten gerichtet'.
Dann wird ebenso natürlich die Frage geboren:
'Ja, was ist da in dieser - nach Unten-Richtung?'
Da kommt die Antwort in der dritten Zeile:
'eine direkte Verbindung mit den Fersen'.

So muss, wer spricht und handelt,
und dessen Pflicht es ist, andere zu bewegen,
um sie auf eine innere Reise mitzunehmen,
mit ihnen ihr inneres Lauschen miterleben,
ihr inneres Befragen.
Er muss mit ihnen verbunden sein und *ihr* inneres Leben leben,
durch die Augenblicke, wofür sie gekommen sind,
erweckt zu werden und eine innere Erfahrung zu leben.
Er muss mit ihnen *sein,*
und er oder sie kann mit ihnen sein
wenn er oder sie sich ihnen intensiv öffnet.

Sich selber die Fragen zu stellen, die in den Zuhörern geboren werden,
weckt die dynamischen Schwingungen;
sie werden sichtbar und hörbar in einem Schauspieler,
in einem professionellen Künstler.
Doch auch in jedem gewöhnlichen Menschen,
der die Aufgabe seines Lebens lebt
auf der Bühne dieser Welt.

Das Gedicht über das Hören

Unsere Ohrläppchen sind wie kleine Flügel,
sie bedecken, nach hinten, die Höhlen, in denen
Klänge aufgenommen werden.
Die äusseren Schalen der Ohren von Tieren,
von Urvölkern und von Menschen, die,
im Osten und Westen, Rassen angehören,
in denen die Traditionen der alten Zivilisationen noch lebendig sind,
sie strecken diese Ohrläppchen nach hinten, wenn sie lauschen.
Diese Bewegung hilft, dass sich die Augen weit öffnen.
Sie hält die Saiten der Nerven frei,
von den Netzhäuten her bis zu den Zentren der Aufmerksamkeit,
so dass sich Sehen und Klang koordinieren können.

Von den Höhlen der Ohren aus
ist da, nach unten gerichtet,
eine direkte Verbindung mit den Fersen.

Im Busch ist es für Tiere und Urvölker gleichermassen
von grösster Wichtigkeit, tief aufmerksam zu sein
gegenüber dem, was sie um sich herum bewegen hören.
Vielleicht sehen sie es noch nicht,
doch riechen sie es vielleicht,
weil ihre Nasenflügel beben.
Weil sie in jedem Augenblick bereit sein müssen,
Fersengeld zu geben
in kürzester Zeit.

Das Natya Shastra Lehrt

Das Natya Shastra lehrt, dass ein Künstler auf der Bühne,
bevor er seine Rolle auf persönliche Weise aufbaut,
schon zuvor seine ganze Rolle im Stück komponiert haben muss,
in einer zutiefst innigen Beziehung mit dem Publikum.

Auch wenn ich mir eines solchen Prinzips nicht bewusst war,
hatte ich schon als Kind diese Verbindung mit anderen,
ohne genau zu erkennen, was in mir drin geschah.
Dieses angeborene 'Geschehen' entwickelte sich in meinem Leben
von meinem achten Lebensjahr an,
als ich als Kind das erste Mal
auf einer Bühne stand und so zur 'Künstlerin' wurde.
Von diesem Augenblick an blieb dies die Basis,
auf der sich meine Arbeit im Beruf entwickelte.
Ich meisterte sie ohne jede Schwierigkeit,
doch konnte ich nie genau erklären,
wie diese stützende Aktivität einer Gegenwart in mir wirkte.

Gestern plötzlich,
während ich einen Teil des Gedichtes für David wiederholte,
wurde mir deutlich bewusst,
was innerhalb meiner Form geschah.
Und ich spürte die Geburt der dynamischen Schwingungen.

Ich werden nun versuchen zu erklären,
was auf einfachste Weise geschieht,
wenn jemand mit einem oder mehreren Menschen
in Verbindung tritt
und wie diese vertraute Beziehung
sich aufbaut.

Jodjana Sagte Mir ein Paar Bemerkenswerte Dinge

Jodjana sagte mir ein paar bemerkenswerte Dinge
in Bezug auf seine Kunst des Ausdrucks,
obwohl er nie gerne mit anderen darüber sprach.

Eines Tages sagte er: 'Alles geschieht in mir drin.
Ich spüre *wie* es geschieht,
weil ich vollkommen gegenwärtig bin, *wenn* es geschieht,
und ich lasse es geschehen.
Ich *denke* nicht darüber nach.
Spüren, wie etwas in dir drin geschieht
bedeutet *nicht darüber zu denken.*'

Nach einer Aufführung fragten die Leute ihn immer:
'Wie tun Sie das?'
Und er fragte dann erstaunt zurück:
'Waren Sie nicht an meiner Aufführung?'
Nur wenige verstanden, was er mit dieser Bemerkung meinte.

Die Leute, die mit ihm arbeiteten, wussten,
dass es keine Diskussion,
kein Reden gab während den Proben.
Da musste absolute Stille herrschen.
Eine Probe war, nach Innen zu lauschen.
Wir mussten das Bewusstsein eines inneren Zustandes schaffen,
so dass auch wir teilhaben konnten an diesem Prozess des Fühlens,
und alles in unserem Inneren geschehen zu lassen.

Wenn man Jodjana fragte, sagte er:
'Es gibt eine Form des Denkens darüber,
was im Inneren geschieht während einer Aufführung.'
Wir haben die Möglichkeit, diese Erfahrung der Vergangenheit
neu zu erleben, wenn wir wieder in diese innere Stille gehen,
wenn das, was in eurem inneren Raum geschah,
wieder geschieht und *es sich euch mitteilt*.
'Dies ist die Geburt des schöpferischen Gedankens'.

Jodjanas Kunst begründete sich
auf vier Grundprinzipien.

Er lehrte uns,
dass wir immer den Boden
unter unseren Füssen spüren müssen,
wenn wir tätig sind.
So begründen wir
unsere dauernde, vertraute und ausgeglichene Beziehung
mit der Erde und der äusseren Welt.

Zweitens müssen wir
ein dauerndes Bewusstsein schaffen
für die beiden Seiten unseres Körpers.
Jodjana nannte dies
das ursprüngliche Lebensbewusstsein
der Symmetrie.

Drittens müssen wir unserem Hirn
seine offene Fähigkeit des Spiegelns sichern,
mit den sich ausbreitenden Bewegung in unserem Gesicht:
Nasenflügel, Augenlider, Augenbrauen, Stirn,
und dem Haaransatz um die Stirn herum.
Dies kann geübt werden und bereitet die Konzentration vor
für die beiden Seiten der Zentren der Aufmerksamkeit,
über der Stütze des Kopfes
auf dem obersten Wirbel.

Der Anfang des vierten Grundprinzips ist,
dass wir aus den Zentren der Aufmerksamkeit
durch unseren Rücken hinuntergehen sollen
bis zum Zentrum des Schwerpunktes,
um so eine Beziehung herzustellen
zwischen den Zentren der Aufmerksamkeit
und dem Zentrum des Schwerpunktes,
um so den Pfad der reinen Konzentration zu öffnen.
All unsere seelischen und körperlichen Fähigkeiten
werden so frei, um unserem
schöpferischen Ausdruck zu dienen.

Komposition

Raum wohnt jeder Bewegung inne,
er schafft den reinen Ausdruck der Bewegung,
wenn sie fliessen kann in einem
vollkommen entspannten und empfänglichen menschlichen Körper.

Jodjana komponierte viele Tänze
in diesem reinen Ausdruck der Bewegung.

Der Fluss des Lebensatems durch einen Körper
zwei Aspekte von dem, was wir 'reinen Tanz' nennen.
Die Europäer kennen und schätzen dies
in der Kunst des klassischen Ballets.

Diese fliessende Eigenschaft des Raumes,
der sich ungehindert auf alle Seiten hin durch den Körper bewegt,
schafft eine rhythmische Eigenschaft in der Bewegung.
Dies ist der erste Aspekt der reinen Bewegung,
die im Menschen die Fähigkeit weckt zum Komponieren.

Eine Komposition sollte die Grundproportionen enthalten
von dem, was ausgedrückt werden soll.
Dies gilt für jedes Thema, das uns bewegt
und in uns das Bedürfnis zum Schaffen regt;
ob es das Erzählen der Geschichte eines inneren Geschehens ist,
die sich in der Haltung, dem Gesichtsausdruck und Gesten ausdrückt,
und wir diese Bewegungen ebenso nutzen,
wie mit Worten Sätze geformt werden.
Dann werden Tänze zu Tanz-Pantomimen.

Doch wenn wir einen inneren Zustand ausdrücken,
ein tiefes Bewusstsein eines Seinszustandes,
die Beziehung des Menschen zum Kosmos oder zu seinem Schöpfer,
- all die unsichtbaren Dinge, die
seit Anfang der Schöpfung
der Schöpfer in seinen Geschöpfen sischtbar macht –
dies kann nur in reiner Bewegung ausgedrückt werden,
in den Richtungen der Bewegungen im Raum,
auf dem Fluss des Raums durch den ganzen Körper,
auf dem Fluss der Zeit.
Die Komposition wird dann gleichzeitig
eine rhythmische Eigenschaft aufweisen und
die Grundproportionen der Komposition enthüllen.

Alle Theaterstücke in Java werden getanzt.
Wenn Jodjana auf der Bühne war,
drückte er die Handlungen des Stückes aus
auf dem Rhythmus des Zeitflusses,
in tiefster Beziehung mit dem Raum.
So enthüllte und zeigte er
durch die *Richtung* von einfachen Gesten und Bewegungen
die innere Bedeutung der Handlungen
und schuf so eine neue Form der menschlichen Beziehung,
einen direkten *menschlichen* Kontakt.

Improvisation

Jodjana betonte, dass
das Aufführen einer eigenen Komposition
eine ganz andere Kunst ist
als jene, einen Tanz zu komponieren.
'Improvisation', sagte er, 'verlangt eine ganz seltene Begabung,
jedesmal eine neue Präsentation einer Komposition
auf ihren Grundproportionen zu erschaffen'.
Während der Aufführung gibt es viele unvorhersehbare
Anforderungen unterschiedlichster Natur.
Zuerst einmal die Proportionen des vorhandenen Raumes,
in dem die Aufführung stattfindet.

Wichtig ist ebenso die Tageszeit.
Wenn ihr zum Beispiel in einem deutschen Theater auftreten müsst,
im Tanz oder im Schauspiel,
an einem Sonntag zwischen Mittag und zwei Uhr,
könnt ihr nicht auf gleiche Weise spielen und das Publikum berühren
wie in einer Abendaufführung.

An einem Sonntag ist das Publikum ausgeruht,
voller Energie und darauf aus, sich zu vergnügen.
In einer Abendaufführung sind die Menschen im Theater empfänglich,
sie haben ihre Energie während des ganzen Tages aufgebraucht
und sind nun offen für die Schönheit und den Humor,
die die Künstler auf der Bühne ihnen zeigen;
sie sind bereit, die inneren Erfahrungen
anderer Menschen zu erleben.

Der Künstler muss sich der Aufgabe widmen,
im Publikum das tiefere Bewusstsein
von seelischen Eigenschaften zu wecken.
Die Abendaufführungen müssen
diesem Bedürfnis des Publikums entsprechen.
Die Komposition des Programms,
die Ausführung der Tänze und des Schauspiels
müssen auf dem Prinzip der Grundproportionen
der Komposition aufgebaut sein,
und auf dem Rhythmus des Zeitflusses.

Wenn Jodjana zum Beispiel die Zeremonie
der Reisernte aufführte,
deutete er an, er trage den Korb mit den Reissamen.
Dann, mit der Richtung von ein paar einfachen Bewegungen
schuf er im Publikum das Gefühl, dass sie den Korb sahen,
und auch das besondere Messer sahen,
das jeden einzelnen zarten Halm der Reispflanzen schnitt.
All diese 'Hinweise' wurden sichtbar
in seiner einfachen Bewegungssprache,
er benutzte nie pantomimische Gesten oder andere Mittel,
ihre äussere Form zu beschreiben.

Das Natya Shastra

Während eines Weltkongresses für Theater in Frankreich
lernte ich einen Hindu-Historiker kennen, Mr. Warma;
er hatte das älteste Buch über Theaterkunst,
das Natya Shastra in die englische Sprache übersetzt.

Er las dem Kongress einen sehr wichtigen Abschnitt vor
aus diesem hochinteressanten Buch.
Im Osten hat der Beruf, auf einer Bühne aufzutreten,
eine seelische Funktion.
Schauspieler tragen eine grosse Verantwortung
und sie haben eine ganz besondere präzise Aufgabe zu erfüllen.
Sie müssen im Publikum das Bewusstsein wecken,
'was anders ist', oder was um sie herum ist im äusseren Raum.
Sie müssen das Gemüt und das Herz der Zuhörer öffnen,
gegenüber dem, was in anderen Menschen geschieht,
was dem anderen Menschen zustösst,
und in jedem Anwesenden die Möglichkeit schaffen,
sich als Mitmensch zu fühlen.
Sie müssen die engen Grenzen
der persönlichen Interessen durchbrechen,
und den Willen und die Neigung auflösen,
auf Kosten anderer Wesen leben zu wollen,
sie für persönlichen Vorteil zu schädigen und zu zerstören.

Im Natya Shastra wird beschrieben,
dass wir, die Schauspieler, bevor wir unsere Rolle im Stück
auf persönliche Weise erarbeiten,
zuerst die Rolle schaffen müssen
in Bezug auf die Zuhörer.

Die Theaterleute, die da waren,
vertraten amerikanische und viele europäische Länder;
sie konnten sich überhaupt nicht vorstellen, was dies bedeutete.
Sie überrannten Mr. Warma mit Fragen.
Mr. Warma musste seine Vorlesung unterbrechen.
Doch er war nicht in der Lage,
auf die westliche Art der Diskussion einzutreten.

Da ich selber viele Jahre lang
das Aufführen von Hindu-Theaterstücken geübt hatte,
verstand ich die Lehren im Natya Shastra,
und als ich Mr. Warmas Übersetzung zuhörte,
wurde ich das erste Mal mit den genauen Begriffen vertraut,
in denen das Natya Shastra sie ausdrückt.
Ich war zutiefst glücklich,
die Lehren *so gut* beschrieben zu hören.

Mein Ehemann und ich hatten eine Basis geschaffen,
die uns erlaubte, aus diesem Prinzip heraus zu schaffen.
So bewegte es mich sehr, als ich entdeckte,
dass es uns wirklich gelungen war,
eine so alte Tradition am Leben zu erhalten
in unserer Arbeit und Unterricht.

Ein paar unserer Schüler, die dabei waren, baten mich,
ob ich den gerade gelesenen Text von Mr. Warma erklären könne.
Doch eine laute und leidenschaftliche Diskussion
war unter den vielen Berufsschauspielern ausgebrochen.
Sie zweifelten daran, dass Mr. Warma
die Passagen aus dem Natya Shastra richtig übersetzt hätte.
Sie waren nicht offen, die Bedeutung der Grundlehre zu verstehen,
wie sie im Natya Shastra erklärt wurde.

Im Osten, besonders unter den eingeweihten Schülern,
halten wir uns fern von solcher Art von Diskussion.
Ich verband mich mit Mr. Warma in Stille.

Später fanden wir uns beide für ein sehr interessantes Treffen,
und wir verglichen die Anwendung der Grundlehren im Natya Shastra
durch die Jahrhunderte hindurch, in Hindustan
und in der Hindu-Javanischen Tradition.

In Hindustan und in Java haben unsere Völker
nun diese Grundlagen verloren.
Ich sah sie noch auf Bali, auf vollkommene Weise aufgeführt
in einem Stück, das eine Gruppe von Bauern gab.
Für uns war dies eine wunderbare Erfahrung,
das Gleichgewicht zwischen der stetigen, dynamischen Schwingung
in der fliessenden Anmut aller Bewegungen,
getragen und begleitet, auf dem Fluss der Zeit,
vom Klang der Musik und den pulsierenden Trommeln.

Ich hoffe, dass ich in diesem Buch,
die Erlaubnis und die Möglichkeit habe,
auf einfache und klare Weise zu erklären,
was das Natya Shastra uns beschreibt
über die ursprüngliche Aufgabe der Schauspieler;
um das erfüllen zu können,
was von jedem erwartet wird,
der den Beruf gewählt hat,
auf einer Bühne aufzutreten.

Vorbereiten auf das Erzählen einer Geschichte

Um eine Geschichte zu erzählen,
einen Vortrag zu halten,
eine Zeitung vorzulesen,
ein Gedicht zu rezitieren,
auf einer Bühne zu sprechen,
oder im täglichen Leben,
ist es immer das Gleiche,
es braucht dafür immer die gleiche Vorbereitung.

Der Inhalt der Geschichte,
Der Ausdruck im Gedicht,
das Thema des Vortrages,
ihre Essenz und ihre Substanz
sind alle in euch,
tief unten im Zentrum
eures Körpers.

Von da aus beginnt sich
die Schöpferische Essenz zu bewegen –
dies bedeutet, dass die Schöpferische Essenz,
tief unten in eurem Körper,
Bewegungen schafft,
den feinen Saiten
eures Nervensystems entlang.

Dann fangen alle körperlichen Substanzen,
Luft, Muskeln, Knochen und Flüssigkeiten an,
sich am Prozess des Ausdrucks
zu beteiligen.

So könnt ihr
in Verbindung treten
mit allen anderen Formen
im Raum um euch herum.
Und ihnen,
wenn ihr möchtet,
eure Eindrücke
und Erfahrungen
mitteilen,
die in eurem Lebenszentrum,
dem Zentrum des Schwerpunktes,
aufbewahrt sind,
immer zu eurer Verfügung.

Wenn Du Hinausgehst, Einem Menschen oder Einem Publikum zu Begegnen

Wenn Du hinausgehst, einem Menschen
oder einem Publikum zu begegnen, etwas zu erfüllen,
einen Wunsch, eine Absicht oder eine Notwendigkeit,
die im Inneren geboren ist,
musst Du in dieser Begegnung offen sein.

Sobald Du in ihre Gegenwart trittst,
musst Du sie in Deinem inneren Raum empfangen.
Du musst ihrer fragenden Aufmerksamkeit lauschen:
'Wofür bist Du gekommen, uns zu sagen, oder zu tun?'

Was immer Du sagst oder tust,
es muss die Antwort sein auf diese Frage.

Wenn Du gekommen bist, um ein Stück aufzuführen,
oder ein Gedicht zu rezitieren,
eine Geschichte zu erzählen oder vorzulesen,
sollte Deine ganze Vorstellung
eine fortwährende Antwort auf diese Fragen sein.

Dies ist die Grundlage aller Aufführungen
auf der Bühne oder im täglichen Leben.
Dann wird die dynamische Kraft des Lebens
jedes Deiner Worte, jede Geste und Bewegung tragen,
wird sich in Deinem Gesichtsausdruck
und in Deiner Haltung widerspiegeln.

Du wirst leben, bewegt sein und bewegen,
eins mit denen, für die Du kamst, um ihnen zu begegnen .

Die Gegenwart der Schöpferischen Essenz – Raum –
wird Dich nicht nur mit Deinen Zuhörern verbinden,
sondern wird eine kosmische Beziehung öffnen
zwischen Dir und Deinen Zuhörern.
Nach der Begegnung oder der Aufführung
wird jeder in sein Alltagsleben zurückkehren,
in einem neuen Zustand des Seins.

Die dynamische Qualität muss zur
Grundqualität unseres Ausdrucks werden.
Die vervollkommnetsten Techniken
im Ausdruck, in Bewegung und Sprache
können uns helfen, gute Schauspieler,
Tänzer, Sänger und Musiker zu werden.
Doch wenn uns die dynamische Qualität fehlt,
werden wir vielleicht Wertschätzung verdienen,
doch werden wir nicht in der Lage sein,
andere wirklich zu bewegen –
in ihnen schöpferisches Bewusstsein zu wecken,
und ihnen zu helfen, sich aus den Fesseln
ihrer täglichen Sorgen und Befürchtungen zu befreien.

Wenn unsere dynamische Ausdrucksfähigkeit nicht vollständig lebt,
können wir in ihren Körpern, ihren Gemütern und Herzen
nicht jenes Gefühl erwecken,
das ihre Aufmerksamkeit öffnet
gegenüber dem, was anderen geschieht,
dem einfachsten und spontansten Akt der Liebe.

Wir müssen ihnen das Fühlen ermöglichen,
gegenüber den Raumfunktionen, die durch alle Substanzen
ihres Körpers hindurch mühelos wirken.

Der dynamische Wert im Ausdruck wird dann geboren,
wenn der schöpferische Atem alle Bewegungen unserer Körper trägt,
und sich in Klang und Worte übersetzt.
Wenn unser eigener Atem vom Atem des Lebens unterstützt ist,
werden wir fähig, die Sprache der Bewegung
und auch unsere stimmliche Intonation zu meistern.

Auf der Bühne und im Alltagsleben
sollten wir in jedem Augenblick gegenüber dem inneren Zustand
der Menschen um uns herum aufmerksam sein.
Immer liegen in ihrem Inneren Fragen da.

Wir, wenn wir uns diese Fragen selber stellen,
werden in unserem Tun die Antworten geben,
in allem, was wir tun und sagen.

Auf der Bühne und im Alltagsleben
sollten wir immer aufmerksam sein
gegenüber dem fragenden Zustand jener, die mit uns sind.
Dann werden immer neue dynamische Impulse
unseren Ausdruck tragen,
in der Haltung, im Gesichtsausdruck,
in Gesten, Bewegungen und Worten.

Der Expressive Wert der Körperlichen Form

Stellen wir uns vor, wir haben ein Ballet-Trikot bestellt,
das ganz besonders für uns geschaffen wurde.
Wir haben einen feinen, elastischen Stoff ausgewählt.
Und eine Näherin zeigt uns
den linken Strumpf des Trikots
mit mehr als genug Material über dem Strumpf,
um die Form des Körpers damit nach zu modellieren.
Wir fangen damit an, unseren linken Fuss
in den Fuss des Strumpfes gleiten zu lassen,
und spüren, wie er unsere Zehen einhüllt,
und die Sohlen unserer Füsse,
ihre Seiten und ihren Rist,
wie eine zweite Haut.
Wie spüren, wie das elastische Material
unseren linken Fuss vollständig umschliesst.
Wir ziehen ihn über Ferse und Knöchel.
Weiter oben umschliesst er unser Bein, Schienbein und Wade,
die Innen- und Aussenseite des Beines.
Wir ziehen ihn über das Knie, über die Kniescheibe.
Wir spüren ihn in der Höhle unserer Kniekehle,
und ziehen ihn dann weiter über unseren Oberschenkel,
umschliessen den Oberschenkel fest bis zur Leiste.

Die Näherin streckt uns das rechte Strumpfbein entgegen.
Und unser rechter Fuss gleitet nun
in den Fuss des rechten Strumpfes,
er umhüllt unsere Zehen, unsere Sohle, unseren Rist,
und unsere Ferse und Knöchel.

Wir ziehen den Strumpf nach oben.
Er umhüllt unser rechtes Bein, Wade und Schienbein.
Wir ziehen ihn über das rechte Knie.

Wir spüren, wie dieses Gelenk
sich frei bewegen kann, während wir uns
seines plastischen Wertes bewusst bleiben,
immer noch die zweite Haut des elastischen Materials spüren.
Wir fahren weiter und lassen das Material unseren Oberschenkel
bis zur Leiste hinauf bedecken,
und hinten streckt es sich bis zu den Gesässmuskeln.

Lasst uns einen Augenblick intensiv nachspüren
und fühlen, wie unsere beiden Beine bedeckt sind
von dieser zweiten Haut aus elastischem Stoff,
während die Näherin die Strümpfe vorne und hinten zusammennimmt.
Dann zieht sie den Rest des Materials nach oben.
Im Rücken über dem Kreuzbein.
Über die Hüften und vorne über die Taille.
So können wir nun fühlen, wie die zweite Haut
unser Becken umhüllt.
Und die Näherin zieht den Stoff weiter nach oben
dass er unserem Körper entlang bis zu den Achselhöhlen fest anliegt,
im Rücken zu unserem Nacken hin,
und vorne um die Arme herum über die Brust.
Dann näht sie auf den Schultern die Schultersäume.

Da stehen wir nun in unserem Ballet-Trikot.
Und die Näherin bietet uns den linken Ärmel an.
in den unsere Finger einer nach dem andern schlüpfen.

Die Hand folgt, und um das Handgelenk herum
spüren wir, wie die zweite Haut den Handwurzelknochen umhüllt.
Und wir ziehen den Ärmel über den Unterarm
bis hoch zum Ellbogen, spüren die elastische zweite Haut,
die sich eng um dieses Gelenk schmiegt.
Dann ziehen wir den Ärmel bis zur Schulter hoch,
wo freundliche hilfreiche Hände
den Ärmel an das Trikot nähen,
das unseren Körper bedeckt:
Zuerst von der Achselhöhle hinten nach oben,
dann von der Achselhöhle vorne nach oben,
und die Näherin näht die Schulternaht
vom Nacken nach unten bis zum Oberarmknochen.
Sie hält uns den rechten Ärmel hin.
Wir schlüpfen mit unseren Fingern hinein,
jeder Finger findet seine eigene elastische Hülle.

Dann schlüpfen Hand, Handgelenk, Unterarm, Ellbogen und Oberarm
in den Ärmel, bis er unseren ganzen Arm bedeckt.
Der rechte Ärmel wird nun ans Trikot genäht,
das unseren Körper umhüllt;
zuerst von der Achselhöhle hinten,
dann von der Vorderseite her bis zur Schulter.
Da stehen wir nun, in unserem eng anliegenden
elastischen Anzug.

Dann, im Nacken, beginnt eine Kappe,
die Rückseite unseres Kopfes zu bedecken,
den ganzen Schädel, über den Seiten des Kopfes,
mit ausgeschnittenen Löchern für die Ohren.

Dann vorn, von unterhalb unserer Kehle bedeckt sie
unser Kinn und Gesicht, mit Löchern für Nase und Augen,
sie reicht über die Stirn hinaus.

Nun setzen wir uns so, wie ein Schneider auf dem Boden sitzt.
Und eine Zeitlang spüren wir unserem Körper nach,
fühlen uns mehr und mehr zuhause in unserem Körper,
weil wir unsere Haut spüren.
Und plötzlich kommt die Nachricht, dass ein Bildhauer
um Erlaubnis bittet, einen Blick auf uns werfen zu dürfen.
Er braucht ein Modell, mit dem Bewusstsein
des plastischen Wertes seiner Form im Raum.
Wir sitzen einfach da und widmen ihm keine Aufmerksamkeit,
da wir den Bildhauer nicht kennen, der
das Resultat der Übung studieren will.

Wir fahren einfach fort, mehr und mehr
die Gesamtheit unserer Form zu spüren, wie Betrachter uns sehen.
Der Bildhauer bewegt sich um uns herum,
betrachtet uns aus unterschiedlichen Blickwinkeln,
und wir sitzen da, ruhig,
folgen dem, wie er uns sieht
aus diesen unterschiedlichen Blickwinkeln.
Dies ist eine intensive, interessante Erfahrung,
während wir am Eindruck arbeiten,
an unserem inneren Bewusstsein
des plastischen Wertes unserer Form im Raum.

Wir können uns gleichzeitig bewusst werden, wie
unsere Form Eindrücke schafft in anderen Menschen
im äusseren Raum.

Vor nicht so langer Zeit,
gab der grosse Theaterdirektor Stanislawski
Unsummen aus, um in Moskau ein Theater zu bauen,
mit vielen teuren Installationen,
um die Schauspieler darin zu unterstützen,
das Bewusstsein aufzubauen,
wie ihre Form das Publikum beeindruckt.
Ihr könnt nachlesen, wie Stanislawski dies in einem Buch lehrte,
das er für die Künstler in seiner Gruppe schrieb.
Der Titel des Buches heisst 'Ein Schauspieler bereitet sich vor'
Stanislawski wusste, dass dieses Bewusstsein in Reichweite liegt.
Und er scheute keinen Aufwand, um es zu erwecken
in den Mitgliedern seiner Theatergruppe.
Er kleidete den Schauspieler in die Umarmung eines Scheinwerfers,
während der Rest der Bühne pechschwarz blieb.
Der Schauspieler fing an, das umarmende Licht zu spüren,
das eng anliegend seine Haut umschloss.
Und als sich das Licht zerstreute, musste er versuchen,
diese Empfindung lebendig zu erhalten.

Wir bieten euch hier diese einfach Übung des Trikots an,
so dass alle dieses Gefühl erleben können,
und das Bewusstsein des plastischen Wertes des Körpers.
Und nicht nur für euch, die öffentlich auftreten, auf einer Bühne,
sondern auch für euch, die ihr euch im Alltagsleben darum bemüht,
eure innere Haltung in eurer sichtbaren Form auszudrücken.

Teil 6

Die Kunst der Intonation

Wenn wir uns im Klang der Worte ausdrücken,
sollte der ursprüngliche Wert aller Künste
in unserer Intonation gegenwärtig sein.

Sätze sollten
den Proportionen der Architektur entsprechend
aufgebaut werden.
Worte sollten so geformt werden,
wie die Hand des Töpfers den Lehm formt.
Der Klang muss auf dem Atem getragen werden wie Musik,
und auf einem inneren Rhythmus, auf dem der Tanz geboren wird.
Und in unserer Stimme werden die Schwingungen des Klangs
den Farbton schaffen, den der Maler in Linien und Farben ausdrückt.

Die Kunst der Intonation Lernen

Um die Richtung der Bewegungen
in den Worten meistern zu können,
um Intonation schaffen zu können,
müssen wir Sprache neu studieren.

Weil wir uns deutlich bewusst werden müssen
von den Richtungen dieser Bewegungen,
wenn wir die Bedeutung der Worte aussprechen.
Wir werden eine neue Grammatik der Sprache schaffen,
aus der wir alle Sprachen
auf der gleichen Basis lernen können.
Wir werden dankbar die Ordnung
der etablierten Grammatiken nutzen
und auf dieser wohlbekannten Grundlage
die schöpferischen inneren Bewegungen lehren,
die die Worte zum Leben brachten.

Die Schwingungen des Lebens in den Worten
zeigen sich in ihrer Richtung.
Richtung ist Raum, der in der Bewegung wirkt.

Bevor Wir Sprechen Lernen im Leben

Bevor wir sprechen lernen im Leben
drücken wir uns in Bewegung aus.
In dieser Zeit können wir uns nur in Tönen ausdrücken,
Empfindungen haben sie ausgelöst.
Wir weinen, wir lachen,
wir seufzen, wir machen Geräusche
wie die Tiere.
Weil das Hirn von Kleinkindern
nur die Empfindungen widerspiegeln,
die nach und nach zu Gefühlen werden.

Dieser Prozess entwickelt die Fähigkeit des Spiegelns im Hirn.
Der Spiegel des Hirns beginnt wiederzugeben.
In einer langen Evolution führten
diese Prozesse in den Primaten
zur Erschaffung einer neuen Gattung.
Die Geschöpfe, die zu dieser neuen Gattung gehören,
leben aufrecht.
Wir nennen das Geschöpf – Mensch.
Die Evolution verlangt, dass der Mensch
ein menschliches Wesen wird
und menschliche Eigenschaften entwickelt.
Dieser Prozess der Evolution
wirkt in jedem Kind, das auf Erden geboren wird,
indem es die Eigenschaft des Spiegelns im Hirn entwickelt.

Zuerst widerspiegelt das Hirn undeutliche bewegte Bilder;
das Gleiche geschieht auch im Hirn von Tieren;
nach und nach werden die Bilder klarer.

Die Bilder hören nie auf, sich zu bewegen.
Unsere Träume sind manchmal wie Stummfilme.
Das Kind denkt nicht, es widerspiegelt.
Dies bedeutet, dass das Hirn das widerspiegelt,
was im Kind geschieht.
Doch das französische Tätigkeitswort 'refléchir'
deutet an, dass mit dem Bewusstwerden dieses Geschehens
das Kind langsam diesen Prozess meistert
und zu einem 'Handelnden' wird.

Gleichzeitig beginnt ein Impuls, diese bewegten Bilder zu benennen,
eine neue Tätigkeit im Hirn zu entwickeln.
Die aufsteigende Bewegung im Rücken,
die die Bilder schafft, wird begleitet
von dieser anderen aufsteigenden Bewegung,
die sich im Rücken entwickelt:
Die Fähigkeit zu denken.

Das Sich-Vorstellen-Können und das Denken
sollten schöpferisch bleiben.
Doch durch falsche Erziehung
ist das Denken zu einem Prozess geworden,
um die bewegten Bilder anzuhalten.
Dann verliert das Hirn seine Fähigkeit zum Spiegeln.
Es beginnt zu ergreifen und festzuhalten
und die Bilder in fixierten Bildern
im Gemüt gefangen zu halten.

Diese fixen Gemütsbilder entwurzeln die Gedanken
aus ihrer lebendigen Erde der schöpferischen Intelligenz,
und rotten die vertraute Koordination von Geist und Seele,
von Gemüt und Gefühl,
von Gedanken und Bild aus.
Das Leben im Hirn wird stumpf,
und wir fangen an, von Abstraktionen zu leben,
die von der Quelle des Lebens getrennt sind;
sie behindern den Atem des Raums
in unserer Form und in den Substanzen unseres Körpers.

Damit haben wir die Fähigkeit verloren
uns auf den Schwingungen des Lebens im Klang auszudrücken
und in dem, was wir sagen.
Nirgendwo auf der Welt gibt es noch eine Lehre
in der Kunst der Intonation.
Wir lernen zu sprechen, zu deklamieren,
indem wir die Tonlage aufdrehen,
das Tempo unserer Aussprache erhöhen,
wie bei einem Metronom.
Das Gefühl wird zum Pathos,
er degeneriert die melodische Qualität der Stimme,
den inneren Rhythmus,
und tötet die einfache, wahre und schöne Bedeutung der Worte.

Im folgenden Gedicht
versuchen wir einen Modus
des klanglichen Ausdrucks einzuführen,

der vielleicht die Möglichkeit eröffnet,
diese wunderbare Kunst der Intonation wieder zu beleben;
sie wird uns in die Welt
der Schönheit der Sprache führen.

Schlechte Anwendung von Worten kann nie
das Wirken der Seele in den Worten verderben.
Das Geheimnis dieser Vollkommenheit im menschlichen Sprechen
sollte sich eines Tages wieder zeigen
in der Intonation jeder einzelnen menschlichen Stimme.

Die Grammatik

Wenn wir Worte brauchen, um uns den Menschen um uns herum
mitzuteilen, ist das Bewusstsein unserer Beziehung zum äusseren Raum
von grosser Wichtigkeit.

Wenn wir HAUPTWÖRTER für das Benennen von Dingen verwenden,
müssen wir die Dinge im Raum um uns herum dahin stellen,
wohin sie gehören.
Wenn sich die Dinge, auf die wir uns beziehen, 'bewegen',
zeigt sich dies darin, dass wir TÄTIGKEITSWÖRTER verwenden.
Unsere Aufmerksamkeit sollte die Bewegungen und Richtungen
dieser TÄTIGKEITSWÖRTER aufnehmen.

Wir finden drei Regionen, in denen wir dieses Hinstellen von Worten
und die Bewegung der TÄTIGKEITSWÖRTER meistern lernen müssen.
Da ist der Raum hinter uns.
Da ist der Raum in uns drin und ganz nahe um uns herum,
und der Raum vor uns.
Wenn wir also HAUPTWÖRTER verwenden, die Dinge benennen,
die zur Vergangenheit gehören, auch Ausdrücke,
die auf die Vergangenheit hinweisen, wie zum Beispiel die Worte:
'Heute morgen', 'Gestern', 'Letztes Jahr';
oder Ausdrücke wie:
'Vor langer Zeit', 'Im letzten Jahrhundert';
während wir diese Worte sagen,
sollten wir unsere Aufmerksamkeit
gegenüber der Region hinter unserem Rücken öffnen,
und uns in diesem Raum bewegen.
Das Gleiche gilt auch, wenn wir die Vergangenheitsform
eines TÄTIGKEITSWORTES verwenden, zum Beispiel:
'Ich war, 'Sie dachten', 'Es geschah'.

Wenn wir über die Gegenwart sprechen,
die Worte: 'In diesem Augenblick',
oder zum Beispiel den Stuhl benennen,
auf dem wir sitzen,
oder sagen: 'Wir sind, 'Ihr seht', 'Er denkt',
müssen wir hier sein,
mit unserer Aufmerksamkeit
sehr gegenwärtig und lebendig.

Die dritte Region im Raum liegt vor uns.
Von da her fliesst die Bewegung unserer zukünftigen Aufgaben
ohne Unterlass in unseren inneren Raum.
Und zu dieser Region des Raumes öffnet sich unsere Aufmerksamkeit,
bereit, diese Aufgaben anzunehmen,
und sie bereitet uns vor, darauf zu antworten.

Wenn wir über die Zukunft sprechen,
benutzen wir einfache Begriffe wie:
'Morgen', 'Später', 'Vielleicht',
und wir verwenden die Zukunftsform der TÄTIGKEITSWÖRTER:
'Ich werde versuchen', 'Sie werden entscheiden', 'Wir sollten'.
Wenn sich also unsere Aufmerksamkeit öffnet
gegenüber dieser Region vor uns;
wenn wir eine Beziehung schaffen
zu dieser Region im Raum, wird diese
in der Intonation unserer Stimme wiederklingen.

Hauptwörter

Hauptwörter benennen Formen.
Bevor wir diese Formen ansprechen,
sollten wir uns mit dem fragenden Zustand
der Anwesenden verbinden.
Die Antwort, die ich auf diese Fragen gebe,
erweckt in mir den gleichen fragenden Zustand
wie in denen um uns herum.
Sie erweckt auch die dynamischen Schwingungen,
die die Antwort tragen werden.

Wir benennen das Hauptwort auf einer Bewegung,
geben dem, was wir benennen, jene Richtung,
in die wir es in den äusseren Raum stellen möchten.
So wird die innere Bedeutung des Hauptwortes
sichtbar, sie nimmt Form an
in den Gemütern jener, die zuhören.
Weil ihr die Form an einem deutlich bezeichneten Ort
im äusseren Raum geschaffen habt.
Ihr könnt die Form sogar noch sichtbarer machen,
wenn ihr sie in Beziehung stellt zu anderen Formen,
die ihr da hingestellt habt.

Wenn ihr ein Hauptwort aussprecht,
müsst ihr es immer deutlich in den Raum stellen.

Es gibt Hauptwörter, die nicht Dinge benennen,
sie benennen Zustände, Eigenschaften, Gefühle,
wie 'Erschöpfung', 'Güte', 'Wachsein'.
Wenn wir diese Hauptwörter aussprechen, sind wir abhängig
von unserem angeborenen Verständnis der Eigenschaftswörter.

Wir müssen den Zustand vom 'Müdesein' spüren
oder den Zustand der 'Güte',
oder wenn wir uns 'wachfühlen'.

Wir nennen diese Hauptwörter: 'Eigenschaftliche Hauptwörter'.

Eigenschaftswörter

Was ich euch gerade über die 'Hauptwörter',
die keine Dinge benennen, gesagt habe,
hat uns eingeführt in das, was ihr wissen müsst
über Eigenschaftswörter.

Eigenschaftswörter werden immer
in Verbindung mit Hauptwörtern verwendet.
Umstandswörter fordern die gleiche Bewegung
in Verbindung mit Tätigkeitswörtern.

Diese inneren Gefühle oder inneren Zustände
zeigen sich meistens
in einer Veränderung des Gesichtsausdrucks.
Doch auch in Haltungen und Gesten.
Sie sind spontane Bewegungen,
die in uns drin improvisiert werden,
und auf natürliche Weise unsere Worte begleiten.
Diese Bewegungen werden sichtbar,
bevor wir aussprechen, was wir sagen wollen,
sie bereiten jene, die uns zuhören, darauf vor.

Wenn wir die Kunst der Intonation lernen,
geben wir auf, diese Bewegungen 'zu machen',
Gesten mechanisch auszuführen wie eine Maschine.

Tätigkeitswörter

Tätigkeitswörter sind fast immer Handlungen.
Handlungen verlangen innere und äussere Bewegungen.
Innere Bewegung sind es, wenn wir denken,
uns vorstellen, hoffen, planen, glauben, entscheiden.
Äussere Bewegungen setzen diese inneren Bewegungen
den Nerven entlang fort,
und machen sichtbar, dass wir sehen, hören, fühlen,
aufnehmen und verarbeiten.

Wir drücken uns auch aus in Handlungen
wie Gehen, Schreiben,
oder verschiedene Teile unseres Körpers zu bewegen.
All diese Bewegungen werden im äusseren Raum sichtbar
und zeigen sich in ihren Richtungen.
Richtung enthüllt die Seele eines Wortes im Ausdruck.
Und ihr wisst schon,
dass Raum die einzige Schöpferische Essenz des Ausdrucks ist.

So werdet ihr die Sprache neu erlernen,
zuerst einmal eure eigene Sprache,
indem ihr die angeborenen Richtungen der Worte entdeckt.

Das Tätigkeitswort 'gehen' wächst
aus unserem Zentrum des Schwerpunktes heraus
und ist eine vorwärtsgerichtete Bewegung im Raum.

Wenn ihr das Tätigkeitswort 'gehen' verwendet,
solltet ihr diese Bewegung nach vorne ausdrücken
indem ihr euch aus den rückwärtigen Stützen eures Körpers abfedert.
Wann immer ihr das Tätigkeitswort 'gehen' verwendet,
in den Ausdrücken: 'Ich gehe', sie gehen', 'es geht', usw.,
müsst ihr immer diese federnde Bewegung
in der Vorwärtsrichtung sichtbar machen,
weil ihr in eurem Ausdruck hinweist auf – 'Das Gehen'.

Ihr sollt auch zeigen, ob
die Bewegung in der Vergangenheit, in der Gegenwart geschieht,
oder ob sie in der Zukunft geschehen wird.
Die persönlichen Fürworter zeigen an,
von wo aus die Bewegung beginnt.

Hier folgen eine Reihe von Tätigkeitswörtern.
Wir werden euch die Grundrichtungen ihrer Bewegungen beschreiben,
sie zeigen die innere Bedeutung dieser Tätigkeitswörter an.
Dann werdet ihr in der Lage sein,
die Grundrichtung jedes Tätigkeitswortes zu finden,
das ihr verwenden möchtet.

Das Tätigkeitswort 'kommen' ist immer eine Bewegung
von irgendwo im Raum, die sich zu euch hin bewegt.
Nun wisst ihr, dass sich die Grundbewegung
von Tätigkeitswörtern nie verändert.
Wenn ihr sagt: 'Ich komme', 'sie kommen',
oder die Befehlsform braucht: 'Komm!'

Der Ausgangspunkt der Bewegung wird unterschiedlich sein.
Doch das Tätigkeitswort 'kommen',
von welchem Punkt es auch ausgehen mag,
wird sich immer auf euch zu bewegen.
Wenn ihr sagt: 'Ich komme', beginnt damit,
euren Körper aus seinem Zentrum heraus auszubreiten,
wenn ihr das persönliche Fürwort 'Ich' aussprecht;
und wenn ihr 'komme' sagt,
bewegt ihr euch zurück zu eurem Zentrum.

Das Tätigkeitswort 'sehen',
beginnt von den Netzhäuten der Augen, nach innen,
und bewegt sich den Sehnerven entlang
nach hinten-nach unten
auf die Zentren der Aufmerksamkeit zu.

'Sagen', 'Sprechen', 'Flüstern', 'Küssen', 'Schmollen',
all diese Tätigkeitswörter spielen auf den Lippen,
und von da werden sie zur Kehlwand zurück geworfen.

Die Tätigkeitswörter 'Denken', 'Hoffen', 'Sich Vorstellen', 'Beachten',
sind alle Bewegungen, die aus sich selber heraus
im Rücken aufsteigen, auf das Hirn zu,
und da bewegen sie sich durch die Hirnzellen,
bis ihr den Wandel vorbereitet habt
für die Grundrichtung des nächsten Wortes.

Wo diese Richtungsänderungen und Übergänge vorbereitet werden,
werdet ihr fast immer Satzzeichen finden,
wie zum Beispiel ein Komma.

Da sollte nie ein Bruch geschehen
in der Bewegung dieser Übergänge.

Es gibt Tätigkeitswörter, die keine Bewegung beschreiben.
Sie haben keine Grundrichtung.
Sie brauchen eine Ergänzung, ein Haupt - oder Eigenschaftswort,
das sich auf den Gegenstand des Satzes bezieht.
Daher ist das Haupt- oder Eigenschaftswort
auch im gleichen Fall wie der Gegenstand.

Wenn ich sage: 'Ich bin müde',
oder Leuten erkläre 'wer ich bin, oder was mein Beruf ist',
beginne ich damit, mich zu lösen
von meinem Zentrum des Schwerpunktes
wenn ich das Wort 'bin' ausspreche;
doch wenn ich das Haupt- oder Eigenschaftswort sage
komme ich in mein Zentrum zurück.

Die Schüler haben es gern, diese Tätigkeitswörter zu studieren,
da die Bewegung ihnen hilft,
die Technik des Zurückschnellens der Mitlaute
gegen die Rückwand der Kehle zu meistern.
Dies schützt sie davor, die Worte
in den äusseren Raum stossen zu wollen.

Persönliche Fürwörter

Bevor wir mit den Fürwörtern beginnen,
muss ich nochmals festhalten,
dass alles was wir sagen oder tun
ein spontaner, schöpferischer Ausdruck
davon sein muss, was in unserem inneren Raum geschieht.

Ein Geschehen ist eine Raumbewegung
in diesem inneren Raum.
Wir müssen bewegt sein.
Diese inneren Bewegungen geschehen aus sich selber heraus.

Wir müssen uns fernhalten
von jedem Planen und Bewegungen *ausführen,*
entsprechend den fixen Bildern und Gedanken
in unserem Hirn.
Wir müssen nur diese inneren Bewegungen
spüren und mitempfinden.
Lasst sie geschehen,
dann wird unsere ganze Form und unser Körper
zum Instrument, in dem
diese spontanen, schöpferischen Ausdrucksweisen
stattfinden.

Die persönlichen Fürwörter werden auf einer Bewegung gesprochen,
aus dem Zentrum des Gleichgewichts heraus
sie fliesst nach allen Seiten durch den ganzen Körper.

Wir haben euch gesagt,
dass die Kunst der Intonation
die Kunst ist, eine innere Choreographie zu schaffen,
die die schöpferische Seele der Worte
auf dem Fluss der Zeit trägt.
Es ist eine Kunst –
die innere Darbietung eines Tanzes.

Sie erfordert eine enorme Meisterschaft der inneren Zeit
und eine enorme Vielfalt des schöpferischen Ausdrucks.
Wenn ihr einmal verstanden habt,
wie ihr die Basis dieser Kunst üben könnt,
könnt ihr dies manchmal unmittelbar meistern.
Ihr müsst es üben,
indem ihr einen Text auf diese Weise lest,
die Basis des Verstehens
und der direkten Wahrnehmung nutzt,
all die Richtungswechsel aufbaut,
die den schöpferischen Wert
der Komposition des Textes enthüllt.

Wir können dieses Geschenk zu entwickeln beginnen
mit dem einfachen Fürwort 'Ich',
indem wir seine unendlichen Schattierungen im Ausdruck erkennen.
Das Fürwort 'Ich' kann sich umsetzen
in vielen unterschiedlichen Varianten des Ausdrucks.

Jemand wählt euch vielleicht aus, etwas zu tun.
Ihr mögt euch deswegen geehrt, erstaunt, geschmeichelt fühlen,
oder unwillig, oder ärgerlich,
ihr macht euren inneren Zustand einfach sichtbar
auf den Schwingungen eurer Empfindungen,
wenn ihr das Wort 'Ich' aussprecht.
Auch wenn der Klang des Wortes nicht mehr hörbar ist,
wird das Wirken seiner inneren Schwingungen im Raum
so lange anhalten, wie ihr sie lebendig erhält.

Auf diesem Prinzip können alle anderen persönlichen Fürwörter
ausgedrückt werden.
Das Fürwort 'Wir' hat einen anderen Ausgangspunkt,
je nachdem, ob andere Menschen anwesend sind.
Mit einer vereinigenden Bewegung
erwecken wir in unserem inneren Wesen
diese Einheit,
die dann ausspricht: 'Wir'.

'Du', 'Er', 'Sie', 'Es', 'sie'.
All diese persönlichen Fürwörter unterscheiden sich nur
der tatsächlichen sichtbaren Gegenwart entsprechend,
dies müssen wir ganz deutlich anzeigen an einem Ort
im Raum um uns herum,
oder ganz deutlich anzeigen im Raum hinter uns,
am Ort, den wir gewählt haben.

Bezügliche Fürwörter

Das bezügliche Fürwort beginnt als Teil eines Satzes,
es erzählt von der besonderen Beziehung
zu einer Person oder einem Ding, das wir
vorher im Satz erwähnt haben.
Da ist immer ein Komma
vor dem bezüglichen Fürwort.
Wegen dieses Satzzeichens
wird ein Augenblick der Stille geschaffen.
Dann gehen wir zurück zum letzten Wort vor dem Komma
und schaffen einen Neubeginn des bezüglichen Satzes.
Das bezügliche Fürwort verbindet die beiden Teile
des Hauptsatzes.

Hinweisende Fürwörter

Das hinweisende Fürwort zeigt auch deutlich an,
entweder ein Ding, das im Raum um uns herum ist
oder irgendwo im Raum, den wir *auswählen.*
Es wird genau auf dem gleichen Prinzip ausgesprochen,
das allen Fürwörtern zugrunde liegt.

Besitzanzeigende Fürwörter

Besitzanzeigende Fürwörter: 'Mein', 'Dein',
'Sein', 'Ihr', 'Unser', 'Euer', 'Eure',
alle beginnen auf dem gleichen Prinzip,
entweder von einem sichtbaren Objekt aus, das jedermann sieht,
oder von unserem deutlichen Hinweis,
wenn wir einen genau ausgewählten angezeigten Ort *anregen.*

Das Unbestimmte Geschlechtswort

Das unbestimmte Geschlechtswort hat eine unpersönliche Bedeutung.
Es beschreibt zum Beispiel den Unterschied
zwischen 'dem Mann' oder 'einem Mann'.
'Ein Mann', der Ausgangspunkt
liegt irgendwo im Raum um uns herum,
er bezieht sich auf irgendeinen Mann, an irgendeinem Ort.
Während 'der Mann' eine ganz bestimmte Person
an einem bestimmten Ort bezeichnet.

Zählen

Wenn wir aufzählen,
1, 2, 3, und so weiter,
begleiten wir manchmal das Zählen
mit einer Geste,
wie wenn wir auf unseren Fingern zählen würden.

Wenn wir eine Zahl zum Hauptwort machen,
wie 'der Erste', oder 'der Zweite',
können wir unsere persönlichen Gefühle ausdrücken
über den Wert dieser Zahl.
Wenn wir ein Zahlwort als Hauptwort gebrauchen
bis hin zur Nummer 10,
weisen wir auf einen Teil einer bestimmten Zahl hin.
Wenn wir bis 10 zählen,
können wir leise zählen,
und wenn wir die bestimmte Zahl erreichen,
geben wir ihr eine ganz besondere leichte Betonung.

Vorwörter

Dann sind da die Vorwörter,
sie sind sehr wichtig.
Sie weisen deutlich auf eine Beziehung hin
zwischen zwei verschiedenen Objekten im Raum,
weil sie immer eine Beziehung von Richtungen ankündigen

Je nachdem, welchen Wert die Bedeutung dieser Beziehung
in unserem inneren Wesen hat,
wird sie die Farbe und den Ton beeinflussen,
wenn wir das Wort aussprechen.

Bindewörter

Wir enden hier mit den Bindewörtern –
sie auszusprechen ist nicht schwierig,
und sie werden in allen Texten überall verwendet.

Zuerst sind da die Bindewörter
'und' und 'oder'.
Zum Beispiel: 'Der Ball und die Spitze.'
'Der Ball und die Spitze' müssen sorgfältig
an zwei verschiedene Orte gestellt
und mit dem Bindewort 'und' verbunden werden,
dies kann von einer Geste begleitet sein.

Das Bindewort 'oder',
erfordert das gleiche Platzieren,
doch drückt es aus, dass da eine Wahl zu treffen sei –
'dies oder das'.
'Dies' muss sichtbar und hörbar beschrieben werden.

Ein anderes Bindewort, 'doch',
erwartet von den Zuhörern
ein neues Erwachen ihrer Aufmerksamkeit.

Wenn ich 'während', 'indem', sage,
zeige ich an, dass etwas
gleichzeitig geschieht;
es macht eine ganz andere innere Haltung sichtbar.

Bindewörter müssen ganz besonders
ein tieferes Verständnis dafür wecken,
was jetzt dann gesagt werden wird.
Die Konsequenz daraus ist,
dass wenn wir die Worte eines Textes aussprechen,
wir in unserem Gefühl lebendig sein müssen;
wir schaffen die Voraussetzung für unser Bewegtsein
während wir sprechen.
Wenn wir selber die innere Bedeutung des Wortes spüren,
können wir das innere Gefühl unserer Zuhörer wecken.

Teil 7 - Autobiographie

Seite

Eines Tages Ging Ich in London an Ein Konzert

Eines Tages ging ich in London an ein Konzert,
das Hindu-Musiker an der Royal Asiatic Society gaben.
Ein grossartiger Hindu-Sänger, Hazrat Inayat Khan,
wurde auf Streichinstrumenten,
der Dilruba und Sitar begleitet;
Mohammed Ali, sein Cousin
und Mushraff, sein jüngster Bruder, spielten sie.
Maheboob Khan spielte die Tabla, die Hindu-Trommeln.

Ich selber war eine junge Sängerin,
die von Kindheit an viele
besondere Erfahrungen gemacht hatte.
Meine Eltern erzählten mir,
dass ich als Baby verzückt dasass,
meinen kleinen Finger gestreckt,
intensiv lauschend.
Meine kleinen Babyhände begannen,
sich auf meinem kleinen Tisch zu bewegen
wie auf den Tasten eines Pianos.
Und später, mit zwei Stöcken,
spielte ich die Geige,
mit dem gleichen verzückten Gesichtsausdruck.

Während meiner Kinder- und Jungmädchenzeit,
ging ich zu den Proben des Orchesters in Den Haag,
das Viotta - er heiratete die Cousine meiner Mutter -
aufgebaut hatte.

Ich lauschte der Musik,
wie sie viele grosse Künstler spielten –
wie Pablo Casals, Hubermann,
Pugno, Lucien Capet
und die Casadessus.

Diese Musiker kamen zu meinen Eltern,
sie sagten ihnen, dass sie sich inspirierten
an meiner Form des Lauschens.
Ich selber hatte keine Ahnung, was dies bedeutete.
Doch vor dem Ersten Weltkrieg
begleitete ich das Capet Quartet
und das Orchester von Mendelberg auf ihrer Tour
als 'Maskottchen'.

Als Kind verbrachte ich viel Zeit
in den Studios grosser Maler.

Ihnen gefiel ebenso, dass ich da war,
und ich war ihr Modell.
Und später hängte ich oft die Bilder auf
für ihre Ausstellungen.
All dies war so natürlich für mich,
ich empfand es nie als etwas Aussergewöhnliches.

Ich entschied mich ernsthaft, ganz hart zu arbeiten
und selber Künstlerin zu werden.
Ich gab Konzerte und Aufführungen.

Die besondere Begabung, andere zu inspirieren,
wandelte den Pfad meines Lebens
da musste ich mich entwickeln –
lehren, wie wir schöpferisch handeln können.

So wurde ich zum Dienen gerufen.
Zuerst dem Genie von Inayat Khan,
und dann meinem javanischen Ehemann,
Raden Mas Jodjana.

Hazrat Inayat Khan Wurde von Seinem Guru In den Westen Gesandt

Hazrat Inayat Khan wurde von seinem Guru
aus Indien in den Westen gesandt,
um eine sanfte Botschaft von Liebe und Bescheidenheit
zu den westlichen Menschen zu bringen.
Inayat Khan war ein grosser Musiker, ein Sänger, ein Barde.
Und er wurde gesandt, um die Botschaft in Liedern
und der Dichtung der grossen Sufi-Meister zu bringen.

Viele westliche Zuhörer kamen
und lauschten den Liedern, die Inayat Khan sang,
von seinem heiligen Instrument, der Vina, begleitet.
Viele konnten diese Lieder nicht verstehen,
noch waren sie vertraut damit,
der Schöpferischen Gegenwart zu lauschen.
Und sie machten ihren Meister stumm.

Inayat Khan, mein Guru,
sagte mir mein Zusammentreffen
mit einem anderen Wesen voraus,
mit dem ich den Pfad der Bestimmung gehen würde.

Er beschrieb mir genau das Zeichen, das mir
und diesem anderen Menschen gegeben würde.
Es war ein Symbol von sieben Kronen mit sieben Sternen.

Wir trafen uns, wurden verbunden und heirateten;
und wir wurden durch in der gleichen inneren Gegenwart geführt,
um zusammen die Botschaft zu bringen,
nicht in Worten, nicht in Musik,
sondern in reiner Bewegung.
Raden Mas Jodjana, mein Ehemann, war von Java
nach Europa gekommen mit einer Mission.
Es war die gleiche Botschaft wie jene Inayat Khans.
Nicht mitgeteilt durch Musik,
sondern in der Sprache der reinen Bewegung.

Indem er auf den Bühnen quer durch Europa auftrat,
brachte er vielen westlichen Menschen zum Bewusstsein,
dass ein menschliches Wesen sich
auf einfache, intensive und wunderbare Weise
in der Bewegung ausdrücken kann.
Mit einer einfachen Geste, mit einer Drehung des Kopfes,
nur einen Finger hebend,
oder wenn wir uns im Raum bewegen.

Jodjana enthüllte und zeigte,
dass wir Menschen das innere Bewusstsein
der schöpferischen Intelligenz entwickeln können,
und, aus dem Inneren heraus, Wissen verbreiten können
durch schöpferischen Ausdruck in der Bewegung.

Es War an der Ladbroke Road in London, als Ich zu Inayat Khan kam für Meine Erste Musiklektion

Es war an der Ladbroke Road in London,
als ich zu Inayat Khan kam für meine erste Musiklektion.
Ich kam mit einem Buch und einem Bleistift in das Zimmer.
Er fragte mich, weshalb ich Buch und Bleistift gebracht hätte.
Und als ich sagte, dass ich gerne Notizen machen würde
von allem, was er mich lehren würde,
schien er verblüfft und sagte:
'Hast du nicht das Geschenk des Gedächtnisses erhalten?
Lerne, genau hinzuhören in allem, was ich dich lehren werde.
Lass es in dich hineinfliessen und dich beeindrucken.
Dann wirst du vergessen, dich 'erinnern zu wollen'.
Was für immer in deinem Gedächtnis bleiben wird,
muss für eine bestimmte Zeit in der Vergessenheit bleiben,
bis es dir dann von einem bestimmten Augenblick an
in deinem schöpferischen Ausdruck dienen wird.
Nur das, woran du dich im Augenblick erinnern sollst,
soll ins Bewusstsein des Gehirns aufsteigen.
Komm nie zu mir mit Buch und Bleistift.
Wir sollten auf dem Pfad des Seins nicht Krücken verwenden.
Wenn du bei mir bist, tauche tief in dich hinein.
Versuche, eins zu werden mit diesem
alldurchdringenden Unendlichen Sein.
Mögest du leben, um das Ende des Getrenntseins zu erfahren.'

Dann wollte er, dass ich aus dem Zimmer ging,
um Buch und Bleistift wegzulegen.
Als ich zurückkam, setzte ich mich,
bereit, so zu lauschen,
wie er es von mir erwartete.

Er sang für mich und öffnete jene wundervolle Welt der Stille,
in die ich das erste Mal eingetaucht war,
als ich ihn im Konzert singen hörte,
das er in der Royal Asiatic Society in London gab.
Dies war gerade, bevor der Erste Weltkrieg ausbrach.

Er sang.
Es muss eine ganze Weile gewesen sein.
In der Welt der Stille leben wir zeitlos.
Als er geendet hatte, sagte er zu mir:
'Jetzt bist du dran.'
Wegen meinem Gelübde war es mir nicht erlaubt, eine Frage zu stellen
oder zu zögern, einer Anweisung zu folgen.
Ich wurde plötzlich sehr unsicher,
nach seinem Singen improvisieren zu müssen
im gleichen 'rag', über das gleiche Thema,
und im gleichen 'tal' oder Rhythmus.
Er hatte mich die Gesetzmässigkeiten
der Ragas und Raghinis noch nicht gelehrt.
Zuvor, als wir in der Addison Road wohnten,
liess er mich die Gebete singen,
wie ich sie von ihm und seinen Musikern gehört hatte.
Nun, da ich im Unterricht in einem rag hätte improvisieren sollen,
wurde ich mir meiner Unfähigkeit bewusst,
diese Aufgabe erfüllen zu können.

Als ich dann endete, war eine lange Stille.
Dann sagte er: 'Ich sehe, dass du die Qualität deines Gedächtnisses
noch enorm entwickeln kannst,
du wirst dich daran erinnern, dass dies 'Pilu' ist.
Er erklärte nicht, was Pilu bedeutete.
Ein Guru gibt keine Erklärungen.
Das Verständnis soll aus dem Inneren kommen.
Wissen wird in der Tiefe unseres Wesens geboren.
Yogis lehren ihre Schüler durch symbolische Körperhaltungen,
die einen inneren Zustand ausdrücken.
Die meisten dieser Meister haben in Höhlen gelebt,
dorthin gehen die Schüler sie besuchen.

Ich hatte akzeptiert, in der beschränkten Welt zu bleiben,
und hier in der Höhle meines eigenen Körpers zu leben.
Daher auch, keine Fragen mehr zu stellen,
weder über innere Erfahrungen
noch über einen inneren Zustand zu sprechen,
Anordnungen unmittelbar zu gehorchen, ohne Zögern oder Diskussion.
Da mir kein Zurückziehen aus der äusseren Welt zu Hilfe kam,
war dies für mich oft ein sehr steiler Abstieg ins Innere Selbst.
Oft fühlte es sich an, wie wenn ich in einen Abgrund fallen würde.
Dies soll uns zu einem inneren Zustand führen, der uns ermöglicht,
eine ganz besondere Aufgabe in der beschränkten Welt zu erfüllen.

Yogis, die Gottbewusstsein erreichen
in den Höhlen des Himalaya
bleiben meist in der Göttlichen Gegenwart vereint
und kommen nicht in die beschränkte Welt zurück.

Wenn wir in dieser Welt bleiben,
um besondere Aufgaben zu erfüllen,
erfordert dies sehr tiefe Demut,
um Diener für andere werden zu können –
für die Lebenden und die Toten.
Es verlangt einen unaufhörlichen Prozess,
auf das 'Ich' zu verzichten,
das Leben eines Einsiedlers zu leben,
und doch mit den anderen alle Wechselfälle
des Lebens in dieser Welt zu teilen.
Das Leben Inayat Khans war so ein Leben.

Einmal, Entmutigt vom Mangel an Resultaten in meinen Lektionen

Einmal, entmutigt vom Mangel an Resultaten in meinen Lektionen,
hörte ich auf, meine Ohren anzustrengen.
Ich sass einfach da, hörte der feinen Stimme meines Meisters zu,
wie er sang, wollte nicht länger meine Aufmerksamkeit festnageln,
um Informationen über die Struktur der Lieder aufzuschnappen.
Ich hörte einfach nur zu, lauschte der Musik
und trat in einen wunderbaren Zustand der inneren Stille ein.
Plötzlich nahm ich eine innere Atmosphäre wahr,
die ich schon zuvor erlebt hatte.
Und als mich Inayat Khan fragte:
'Kurshid, was beschreibt dieses Lied?'
antwortete ich: 'Pilu'.
Er lächelte, und ich wusste, dass ich nun endlich zuhören gelernt hatte,
das Zuhören mit dem ganzen Körper.

Man hört mit den Ohren!

Von da an begann ich die Ragas und Raghinis zu verstehen,
zu wissen, wie ich singen und improvisieren konnte.
Ich wurde fähig, Klang und Rhythmus aufzunehmen,
zur gleichen Zeit.
Ich begann, tief drin in meinem Körper,
den Puls der Zeit zu fühlen und ihm zu folgen.

Ich konnte nun der melodischen Linie der Lieder folgen
auf dem Hintergrund der Begleitung
der Streichinstrumente – Vina, Dilruba and Sitar;
oder dem weichen Summen der Musiker,
wenn ich den Puls der Zeit
in den Klangbildern spürte.

Dies formte eine Basis für die Anzahl der proportionierten Augenblicke
des tal, des Rhythmus.
Dann begann ich mit Maheboob zu arbeiten,
der die Tablas, die beiden Hindutrommeln, spielte.

Die Hörfähigkeit des menschlichen Ohres
gibt uns die Möglichkeit, Klänge und Geräusche wahrzunehmen.
Während die hereinkommenden Klangschwingungen
den Nervenbahnen entlang fliessen,
sollten unsere Fähigkeiten im Hirn nur
die hereinkommenden Empfindungen wahrnehmen
und sie ungestört weiterfliessen lassen
zu den Zentren der Aufmerksamkeit, links und rechts,
tief unten in der Schädelbasis.
Und sie hinuntersinken lassen im Rücken
bis in die Tiefe des Beckens.

So sollten die intellektuellen Fähigkeiten des Hirns
nicht nach hereinfliessenden Eindrücken greifen,
und sie nach vorgefassten Begriffen behandeln.

Klangschwingungen berühren nicht nur die Haut im Inneren der Ohren.
Auf ganz besondere Weise werden sie auch
vom ganzen Körper durch die Haut aufgenommen.
Sie schwingen in den Pfannen, den Höhlungen,
in denen die Köpfe und Hälse unserer Oberschenkel
gestützt werden.
So wächst aus ihnen heraus spontan Bewegung der Beine und Füsse
und der Tanz wird geboren.
In diesen Pfannen werden alle Klänge gesammelt
und wirken direkt auf die Köpfe der Oberschenkel,
und so gehorchen Beine und Füsse unmittelbar.
Spontane Bewegung ist nur dann möglich,
wenn sie nicht vom Hirn befohlen wird.
Wenn es eine Explosion gibt, wird der bedrohliche Lärm
die Beine dazu bewegen, von der Gefahr wegzulaufen.
Wenn da Musik ist, werden die Beine und Füsse anfangen,
sich mit dem Rhythmus der Musik zu bewegen, und sie werden tanzen.

Überlassen wir den Ohren und dem Hirn
die Aufgabe, Wissen zu sammeln darüber,
was die Explosion verursacht
oder welches Musikstück uns zum Tanzen gebracht hat.

Die so erfolgreichen Meister, Hindus, Japaner
oder andere östliche Lehrer, die viele
der heutigen Weltbewegungen schaffen,
verdanken ihren Erfolg in grossem Masse
jenen wenigen grossen Meistern, die am Anfang des letzten Jahrhunderts
die Gemüter von Europäern und Amerikanern geöffnet haben.
Diese wenigen grossen Meister zogen Anhänger an
mit ihrer wunderbaren Bescheidenheit, ihrer edlen Haltung
als Menschen, und durch ihr geduldiges Ertragen von Leiden.

Gandhi, Inayat Khan, und Raden Mas Jodjana;
wir, die wir Zeugen ihrer tragischen Leben waren, hoffen,
dass eines Tages die erfolgreichen Schöpfer
der verschiedenen Methoden der Meditation heute
sich mit Dankbarkeit an diese Pioniere erinnern werden,
die uns auf der Basis der alten Traditionen
- Schöpferischen Ausdruck -
lehrten und uns einführten in das Wirken der schöpferischen Intelligenz.
Sie lehrten uns die transzendentale Meditation,
um zu jenem Seinszustand zu gelangen,
in dem wir uns mit ihnen verbinden
und uns in den Dienst der Schöpferischen Gegenwart einfügen,
wenn wir mit allen anderen Formen im Universum eins werden.

Inayat Khan Weihte mich Ein, Bevor es einen Sufi-Orden Gab

Inayat Khan weihte mich ein, als wir in der Addison Road lebten,
bevor es einen Sufi-Orden gab.
Seine Brüder, sein Cousin und seine Frau
waren damals die einzigen Murids, Schüler.

Später, in der Ladbroke Road bat er mich,
dem Sufi-Orden nicht beizutreten.
Er beauftragte mich, seine Musiker westliche Musik zu lehren,
so wurde Mohammed Ali ein wunderbarer Sänger,
und später auch, Konzerte vorzubereiten im Vortragssaal
des Sufi-Zentrums in der Ladbroke Road.
Er schrieb Theaterstücke, die wir aufführten.
Er sang mit mir Duette
und stellte mich in der Queen's Hall dem englischen Publikum vor.

Auf diese Weise blieb Inayat Khan seinem eigenen Gelübde treu -
mit seiner einzigartig feinen Form des Singens
jenen, die zuhören konnten, den Pfad zu öffnen
in die innere Welt, um da der Göttliche Gegenwart zu begegnen.
Und so dieser Gegenwart still dienen zu lernen,
in voller Annahme unserer Bestimmung,
um allen Wesen als Ausdruck dieser einen Gegenwart zu begegnen.

In der Meditation lernte ich, in diesen inneren Raum einzutreten,
in diese innere Stille. Und so wurde mir
unser innerer fragender Zustand bewusst.

Ich begann zu verstehen, wie Dienen, wie Tun,
wie Gehorchen geht,
ohne dass Gedanken sich einmischen,
fragen oder diskutieren wollen.
Nur die klare innere Wahrnehmung,
was in diesem Augenblick zu tun ist.

Es war nicht leicht, da ich noch nie zuvor gelernt hatte,
diese innere Führung vollständig anzunehmen
mit Körper, Gemüt und Seele.
Noch nie zuvor hatte ich gewusst, dass der Körper
vollständig empfänglich werden kann und werden sollte.
Daher musste ich den Körper lehren, sich auf alle Seiten hin zu öffnen,
sein Nervensystem, inklusive Hirn,
und die ganze muskuläre Struktur zu entspannen.
Dann bleibt das Gemüt aufnahmebereit.
Die Zentren der Aufmerksamkeit nehmen Eindrücke auf
und lassen sie zur Quelle des Lebens hinabsinken.

Inayat Khan sagte und erklärte mir all dies nicht,
und keine Fragen waren erlaubt.
Doch die Fragen waren da,
und das Gemüt musste still gemacht werden.

Nach unten sanken die Fragen, und sie schufen nach und nach
den inneren fragenden Zustand.
Wenn wir uns ans Hören nach Innen gewöhnen,
entdecken wir schliesslich,
dass die inneren Fragen ihre wahren Antworten empfangen,
wenn das Bewusstsein erwacht,
was zu tun oder nicht zu tun,
was zu sagen oder nicht zu sagen
in diesem Augenblick.

Aus dem Zentrum des Schwerpunktes,
aus dem Zentrum des Gleichgewichts und Seins
werden Inspirationen und Ideen,
inneres Bewusstsein und Intuition
geboren, und schöpferische Absichten,
zu handeln und zu sprechen,
oder sich nicht zu bewegen und Stille zu halten.
Auf diese Weise gab mir Inayat Khan die Richtung
zum tiefsten Bewusstsein des Lebens.
Doch mühte ich mich lange in völliger Dunkelheit ab.
Sie stellte mich vor meine letzte Wahl,
führte mich auf dem inneren Pfad, nach hinten-nach unten,
ich änderte meine Richtung nie mehr.

Auf diese Weise lernen wir,
dass unsere Aufmerksamkeit nur einen Weg gehen soll
Und wir sollten ihre Richtung kennen –
nach hinten - nach unten.

Ich Sah, dass Verschiedene Leute Begannen, Inayat Khan's Haus Regelmässig zu Besuchen

Ich wurde Zeugin davon, wie verschiedene Leute
Inayat Khans Haus regelmässig zu besuchen begannen.
Nicht auf der Suche nach einer Sufi-Botschaft,
sondern begierig, ihrem Leben etwas beizufügen,
etwas sehr Attraktives, wegen seiner Schönheit
und seinem einzigartigen künstlerischen Ausdruck.
Sie versuchten, einen geschlossenen Zirkel von Leuten zu schaffen,
unter der sanften Führung eines grossen Künstlers,
der in Europa langsam für seine Kunst bekannt wurde.
Inayat Khan war das Oberhaupt einer Familiengruppe,
die in London gestrandet war, als der Erste Weltkrieg ausbrach,
ohne jegliche Mittel zum Lebensunterhalt.
Die Gruppe von Anhängern in London begannen,
beschränkende Regeln vorzuschreiben für jene,
die Mitglieder wurden in ihrem Kreis.
Sie legten einen Beitrag fest, übertrugen die Verantwortung,
um für die Kosten des Zentrums aufzukommen,
dass Inayat Khans Familie Unterkunft hatte
und ihr Lebensunterhalt gesichert war.

Inayat Khan schuf keinen Sufi-Orden in London.
Er nahm das Angebot der Gruppe von Leuten an,
die ihm diesen Vorschlag gemacht hatten.
Er wurde dann vom Vorstand des Kreises gebeten,
Vorträge zu halten und Lektionen zu geben,
da sie mehr wissen wollten
über die damals noch unbekannten Geheimnisse des Hindu Yoga.

Sie erwarteten von ihm, dass er mit Worten lehrte
und genau erklärte, worum es bei all dem ging.

Kurz bevor wir die Addison Road verliessen,
begannen die Familie und ich, Inayat Khan zuzuhören,
wenn er während den musikalischen Gottesdienst-Abenden
viele Wahrheiten zu erklären begann,
die noch nie zuvor in der englischen Sprache gelehrt worden waren.
Später, in der Ladbroke Road war ich oft verblüfft
und manchmal schockiert darüber,
wie die Leute reagierten, als Inayat
mit seinen ersten Lehren in Worten begann.
Dies brachte ihn zum Schluss,
dass westliche Menschen nie Schüler oder Anhänger werden könnten,
weil sie es immer schon besser wussten!
Es gab da ein paar wenige Ausnahmen.
Wie Miss Goodenough,
Inayat traf sich mit ihr immer nur privat.

Ich denke, sie half der Familie zu überleben.
Sie musste wohl das Gelübde der Stille abgelegt haben.
Sie mischte sich nie unter die Familie,
noch sprach sie mit anderen Murids.
Inayat Khan schien ihr mehr zu trauen
als irgend jemand anderem ausserhalb der Familie.
Ich sah sie oft und hatte sie gern.
Sie war diskret und behandelte mich als Mitglied
der Inayat-Familie.

Im Vertrauten Kreis von Inayat Khan's Familie Formten Wir die Erste Gruppe von Eingeweihten Schülern in England

Im vertrauten Kreis der Inayat Khan-Familie in der Addison Road
formten wir die ersten Gruppe
von eingeweihten Schülern in England.
Begam, seine junge Frau und ich
waren die einzigen Frauen in diesem Kreis.
Inayat Khan lehrte uns alle Gemütszustände zu meistern,
die Reaktionen im Verhalten und Ausdruck verursachen.
Und er unterzog uns alle schweren Prüfungen.
Maheboob war der am weitesten fortgeschrittene Murid.
Er lehrte mich, nach Innen zu lauschen
für die Antwort zu den Problemen, die wir im Alltagsleben antrafen.
Mohammed Ali, ein Mann von tiefen Leidenschaften,
war sehr streng mit sich selber und mit anderen.
Mushraff schaffte es nie, seine Emotionen zu meistern.
Inayat war sehr streng mit ihm.
Ich kannte Mushraff bis ganz zum Schluss,
er reagierte immer gefühlsbetont.
Er weinte und seufzte und beschwor schmerzliche Szenen herauf,
er hatte kein inneres Verständnis für die westlichen Menschen,
nicht einmal für seine eigenen Leute,
wie sie auf westliche Schüler eingingen.

Er kam zu jung in den Westen und schaffte es nie,
die Erfahrung eines vertrauten Kontaktes zuzulassen
mit Menschen, die so anders waren als seine eigenen.

Nachdem wir in die Ladbroke Road gezogen waren,
führten wir kein Familienleben mehr.
Die ganze Familie verlor ihre ursprünglich glückliche Haltung
gegenüber der Aussenwelt.
Sie waren freundlich doch distanziert in ihrem Kontakt mit Menschen.
So war unsere Gruppe in der Ladbroke Road isoliert.
Miss Goodenough war in ihrer Stille immer gegenwärtig,
sie kam nie in den Familienkreis,
auch nie in irgend einen anderen Teil des Hauses,
das damals für die Mitglieder des Sufi-Ordens reserviert war.

Sogar Miss Williams, die Sekretärin, die im gleichen Haus lebte
nahm an unserem privaten Leben nicht teil.
Sie, auch wenn sie bescheiden sein wollte,
meisterte ihre Gefühlsreaktionen nicht.
Sie litt sehr, und sie wurde nicht geschätzt,
weder von den Mitgliedern des Sufi-Ordens,
die ihr das Leben schwer machten,
noch von der Familie, die stille Zeugen ihres Leids
und ihrer Reaktionen waren.
Ich verstand sie gut.

Gebunden durch das Gelübde
lebte ich in der Höhle meines Körpers,
so blieb das Leiden in sich gekehrt.
Ich lebte da still, verbunden
mit Miss Goodenough und Miss Williams.
Die anderen Murids kümmerten sich wenig um mich,
behandelten mich als Dienerin der Familie.

Inayat Khan verliess oft das Haus, so dass er
ein Zusammentreffen vermeiden konnte
mit den immer aufsässigen Murids.
Er beauftragte mich, zur Tür zu gehen.
Ich übte mich darin, sie willkommen zu heissen
im Verständnis für ihr westliches Benehmen und ihre Sichtweisen.

In der Ladbroke Road kam niemand in den obersten Stock,
die Familie wünschte, dass da ihr Privatleben respektiert werde.
Inayat lebte im vorderen Raum mit seiner Frau und dem Kind.
Die drei 'Boys' wohnten im hinteren Zimmer,
mit Sicht in den Garten.
Ich musste die Räume sauberhalten, mit dem Kind hinausgehen,
da die Begam ihre Räume nicht mehr verliess.
Sie begann, in 'purdah' zu leben.
Die 'Boys' betraten nie den vorderen Raum.
Ich war die Einzige, die Inayat und seine Frau in ihrem Zimmer bediente.

Da war oft eine traurige Atmosphäre.

Begam, die ich jung und lächelnd in der Addison Road gekannt hatte,
veränderte sich völlig, als sie im Zentrum des Sufi-Ordens lebte.
Sie verlor ihre Ausstrahlung
und vermied den Kontakt mit den westlichen Schülern.
Es war erst später in Holland, im Haus von Frau Van Goens,
- Maheboob heiratete später ihre Tochter -
als ich sah, dass die Begam wieder ein Familienleben führte
wie damals in der Addison Road.

In der Ladbroke Road nahmen
Inayat Khan, Maheoob und Mohammed Ali
im Parterre ihr Mittagessen ein,
wo ich mich ihnen jeweils anschloss.
Inayat bat mich, nicht Mitglied des Sufi-Ordens zu werden.
Er wünschte, dass ich - dem Wunsch seines Gurus entsprechend -
ein Leben führen möge, wie es dem Sufi-Pfad entspricht.
Ich bin ihm dafür zutiefst dankbar.
Er bereitete mich darauf vor, zusammen mit meinem Ehemann
die gleiche Sufi-Botschaft zu bringen,
in Bewegung ausgedrückt,
in der Hindu-Javanischen Ausdrucksweise.

Als Inayat Khan Mich Bat, Nicht dem Sufi-Orden Beizutreten

Inayat Khan bat mich, dem Sufi-Orden nicht beizutreten,
er wünschte, mich dem Wunsch seines Gurus entsprechend
im Pfad der Lebensführung der Sufis anzuleiten,
in der keine Erklärungen gegeben wurden
und keine Fragen erlaubt waren.
Diskussion verzögerte nur das Anwenden,
wie es Inayat Khan sah.
Ich musste das Gelübde des unmittelbaren Gehorsams ablegen.
Ich wurde nach Innen geleitet
in transzendentaler Meditation.
Ich musste im Raum innerhalb des Körpers leben.
In der Dunkelheit.
Dies war notwendig, um den inneren fragenden Zustand
zu erwecken, annehmen und schaffen zu können.
Als ich später mit meinem Ehemann
dem Kreis der javanischen Sufis beitrat,
gab mir das esoterische 'Wayang'-Schauspiel von 'Bhimo'
klare Einsicht in Inayat Khans eigene Einweihung
von seinem Guru, und in die Lehren, die er mir gab.

Im Familienkreis von Inayat Khan gab es keine 'Gespräche'.
Stille war ein sehr ausdrucksreicher und notwendiger Zustand,
um nach Innen hören und die innere Stille pflegen zu können.
Aller klanglicher Ausdruck war in Musik.
Inayat Khan bat mich, ihm zu helfen,
den Klang-Ausdruck in Musik
in der Ladbroke Road lebendig zu erhalten.

Sobald der Sufi-Orden da etabliert war,
wurde sehr störendes Reden laut.
Zu dieser Zeit begann Inayat Khan, Theaterstücke zu schreiben,
und die 'Boys' und ich führten sie auf.
Inayat Khan überprüfte meinen inneren Fortschritt sehr streng,
verursachte absichtlich erschütternde, unvorhersehbare
und sehr herausfordernde Situationen.
Ich gebe euch ein Beispiel.

Einmal wurde mir eine einmalige Gelegenheit geboten,
ich erhielt eine Einladung für mein Debüt in London,
im Leighton House in Holland Park.
Eine Konzerthalle von grossem europäischem Ruf.
Ich hatte Inayat Khan
dem Kreis von grossen Künstlern vorgestellt,
die die Konzerthalle führten.
Inayat wollte, dass 'die Boys' mich begleiten würden
beim Auftritt.

Am Tag vor der Aufführung ging ich in die Ladbroke Road
für eine letzte Probe.
Ich wusste nicht, dass Inayat den 'Boys' gesagt hatte,
die Begleitung falsch zu spielen
und die rhythmische Struktur der Lieder zu brechen.
Ich strengte mich sehr an und verbrachte Stunden,
um mich so einzustimmen, dass ich die Spannung aushalten konnte.
Als ich nach Hause ging, war ich sehr betrübt
und wusste nicht, wie es mit ihnen gehen würde in der Aufführung.

Sie spielten am nächsten Tag mit wunderbarer Schönheit
im Konzert während der Abenddämmerung.
Die Aufführung war ein grosser Erfolg.

Ein andermal stellte mich Inayat Khan
in der Queen's Hall dem englischen Publikum vor.
Er sang mit mir Duette.
Plötzlich, mitten in der Aufführung, begann er
meinen kleinen Solo-Part zu singen.
Meine Knie begannen zu zittern.
Ich versuchte, die Situation zu retten, indem ich Worte und Melodie
in einer bescheidenen, fragenden Weise wiederholte,
wie wenn ich ihn fragen würde: 'Möchten Sie, dass ich sie nun singe?
Singe ich es so, wie es wirklich gesungen werden sollte?'
Dies war sozusagen eine wahre Interpretation
der Situation.
In diesen Augenblicken der blanken Verwirrung,
lachte Inayat Khan herzlich, als er meine Anstrengung sah,
die Situation zu meistern, wie wenn er es geniessen würde,
mich der öffentlichen Schande auszusetzen.

Auf ganz unverständliche Weise,
spürte ich dann immer eine erstaunliche innere Hilfe
in diesen so verwirrenden Augenblicken.
Und diese Erfahrungen schufen die Basis einer selten tiefen Freude,
als ich ihn, nachdem ich ein geaal gesungen hatte,
zutiefst bewegt sah.
Er sagte: 'Du wirst auf diesem langen Pfad ganz weit gehen'.

Das Letzte Lied von Inayat Khan

Bevor Du meine Taten beurteilst
Herr, ich bitte Dich, vergib mir.
Bevor mein Herz gebrochen ist,
wirst Du meiner Seele helfen zu leben?

Bevor meine Augen bedeckt sind,
Wirst Du mich Dein Antlitz sehen lassen?
Bevor meine Füsse müde sind,
Darf ich Deine Wohnstatt erreichen?

Bevor ich von meinem Schlummer erwache,
wirst Du mich behüten, Herr, so glaube ich.
Bevor ich meinen Mantel fortwerfe,
wirst Du mich in Dein Gewand hüllen?

Bevor mein Werk beendet ist,
wirst Du, Herr, das Falsche richten.
Bevor Du Deine Musik spielst,
Lässt Du mich mein Lied singen?

Nach dem Krieg Bat Mich Inayat Khan, Ob Ich für Ihn in Holland Kontakte Herstellen Könnte

Nach dem Krieg bat Inayat Khan mich,
für ihn in Holland Kontakte zu schaffen.
Ich führte ihn ein in Leiden, da gab er ein Konzert
im Kreis der berühmten Universität Leiden.
Professor de Haas und seine Frau,
die Tochter von Professor Lorentz,
waren schon immer grosse Bewunderer der Kunst meines Ehemannes.
Sie luden uns ein,
bei internationalen Kongressen aufzutreten.
Und so fanden wir Zugang
zu den internationalen wissenschaftlichen Kreisen.

Sie interessierten sich auch sehr für meine Lehren,
die sich auf meine Studien mit Inayat Khan
und auf die Studien der drei Hindu-Wissenschaften stützten,
für die es in westlichen Universitäten
keine Fakultät gab.

1. Die Wissenschaft des Menschen:
Die Struktur und das Funktionieren des Körpers
als Instrument des Ausdrucks.

2. Das Studium des Phänomens der Bewegung.
Da fand ich grosse Unterstützung, von meinem Ehemann
und vier westlichen Wissenschaftern:
a) Durch Arthur Compton's Veröffentlichungen über kosmische Strahlen;
b) Durch Einstein und seine Entdeckungen
zur Essenz des Raumes und der Relativität;

c) Durch Eddington's Veröffentlichung zur Beziehung
zwischen Vergangenheit und Zukunft;
d) Durch Professor de Haas und seine Frau,
ich lehrte sie ein paar einfache Übungen,
die sie sehr gut zu nutzen lernten.

3. Das Studium der Raumfunktionen in der menschlichen Form.

Dies gab mir die Möglichkeit zu erkennen,
dass meine Entdeckungen zum Raumskelett
und seiner drei Dimensionen,
die uns Menschen ermöglicht, uns im Raum
in sechs Richtungen auszudrücken,
auf einer soliden wissenschaftlichen Basis begründet sind.

Die westliche Wissenschaft erklärt:
'Raum wohnt der Bewegung inne.'
Diese so wichtige wissenschaftliche Tatsache,
von der Einstein sich so wünschte,
dass sie alle Menschen verstehen könnten;
sie wurde den westlichen Menschen
in ihrer Wichtigkeit für die Allgemeinheit
nie so angeboten.

Bhimo

Raden Mas Jodjana und ich hatten einen Sohn.
Bhimo war sein Name.
Als er noch ein Baby war, erzählte ihm mein Ehemann
die Geschichte von 'Bhimo', einem der fünf Brüder, der Pandavas.
Das epische Hindu-Gedicht, das Mahabharata,
erzählt die lange Geschichte ihrer Rasse,
und vom Kampf zwischen ihnen und den Kuravas,
ihren Cousins.

Kurz nach Christi Geburt
kamen Hindus als Händler nach Java.
Da hörten die Javaner von den Geschichten aus dem 'Mahabharata',
und dem anderen epischen Gedicht, dem 'Ramayana'.
Die Leute waren davon sehr beeindruckt
und liebten diese Erzählungen.

Sie selber hatten einen Ahnenkult.
Lange bevor die Hindus nach Java kamen,
führten sie Schattenspiele auf, die WAYANG hiessen.
Die Schatten wurden aus Leder geschnitten,
mit wunderschönen Farben bemalt und vergoldet.
Die Zeremonien und Theaterstücke gedachten
den Vorfahren in respektvoller Erinnerung.
Die Javaner leben in vertrauter Gemeinschaft mit den Toten.
Während eines Monats im Jahr verlassen die Toten ihre Gräber.
Dann fasten die noch lebenden Kinder und Grosskinder,
sie beten und warten auf ihre Rückkehr.

Das Grabmal, wo die Vorfahren von Jodjana und Bhimo ruhen,
ist ein wundervoller Ort.
Eine unermessliche Halle, die man erreicht,
nachdem man durch den Garten des Friedhofs gegangen ist.

Du trittst ins Haus durch einen kleineren, immer noch weiten Raum,
und dann gelangst du zum grossen Heim
der grossen, höchst verehrten Eltern der Vergangenheit.
Und da kannst du bleiben, nach langem Training,
und in einen Zustand der vollkommenen Selbstvergessenheit gelangen,
und so Diener der Gegenwart werden, im Dienst der Toten.

Die Javaner führen auch Zeremonien und Tanzgebete auf,
die von einem kleinen Orchester, 'GAMELAN' genannt, begleitet werden.
Diese Tänze werden von einfachen Bauern auf dem Land aufgeführt,
die für eine reiche Ernte zu den Göttern beten.
Sie beten auch zur wunderschönen Göttin SHRI.
SHRI besucht Reisfelder und Scheunen.
Die Bauern legen Blumen und kleine Spiegel in die Scheunen,
so dass SHRI ihrer Schönheit in diesen kleinen Spiegeln begegnen kann,
sie nimmt die Blumen an und bleibt in den Scheunen;
sie hilft, eine gute Ernte einzufahren,
mit genug Nahrung für alle.

Als die Hindus kamen, um in Java zu leben,
schufen die Javaner neue Schattenspiele,
die sich auf Geschichten stützten, die die Hindus erzählten,
über die fünf Brüder, die Pandavas.

Diese Theaterstücke werden heute immer noch aufgeführt,
doch wurden sie zu Touristenshows;
nun fehlt ihnen die tiefe religiöse Essenz.
Sie wurden zu Ausbeutungsobjekten.

Da ist ein mystisches Theaterstück über Einweihung –
die Geschichte von Bhimos Leben.
Dieses Stück ist eine rein javanische Komposition.

Ihr werdet seine Geschichte nicht im Mahabharata finden,
dem epischen Gedicht der Hindus.
Bhimo steht für das menschliche Wesen
in der Aufführung dieses heiligen Theaterstücks.
Seine Lehre zeigt uns, wie wir auf dieser Erde
vollständig empfänglich, vollständig verständig werden
und den Zustand des wirklichen Seins erreichen können.
Die Geschichte erzählt, wie Bhimo aufbricht,
sein Meister Drono schickt ihn, Wasser zu bringen
aus der Quelle des Lebens, für Drono.

In diesem mystischen Spiel der Einweihung führten die Javaner
einen Schatten ein, der - lange bevor die Hindus nach Java kamen -
die wichtigste Rolle in den alten und traditionellen Riten,
in den Zeremonien des Ahnenkultes spielte.
Der Name dieses Schattens ist SEMAR.
Im Einweihungsspiel ist er der Meister einer Gruppe von Clowns.

Semar ist eine seltsame Form des Clowns.
Er ist gleichzeitig jung und alt.
Er ist Mann und Frau.

Er steht für den ursprünglichen Glauben und die Weisheit der Javaner,
für die Vollkommene Einheit der Gegensätze.
Für das universelle Gesetz des Gleichgewichts in der Schöpfung.

Das Theaterstück dauert zwölf Stunden.
Es beginnt um sechs Uhr abends,
wenn die Sonne plötzlich hinter den fernen Horizont sinkt.
Es endet, wenn sich um sechs Uhr morgens die Sonne zeigt
und es ganz plötzlich Tag wird.
In Indonesien gibt es weder Morgen- noch Abenddämmerung.

Genau um Mitternacht betritt Semar die Bühne.
Er kommt, um seine Rolle im Prozess der Einweihung zu spielen,
wenn Bhimo auf seinem Weg zum Brunnen des Lebens
um Mitternacht zu einem dunklen Dschungel kommt,
von dem er weiss, dass da zwei schreckliche Monster leben.
Bhimo zögert, bevor er diesen Wald betritt.
Diese Szene im Stück steht für den Moment im menschlichen Leben,
wenn wir entdecken, dass wir in unseren inneren Raum gehen sollten,
den wir so lange vernachlässigt haben,
und wo durch unsere Nachlässigkeit
Monster gewachsen sind.
Damit sind Kräfte gemeint, die wir über Jahre hinweg missbraucht haben;
sie haben die Strukturen unserer Organe und ihre Funktionen verformt.

Das Skelett des Textes ist in esoterischer Sprache,
und verwendet die einfachsten Begriffe des Alltagslebens.
So kann sich das nicht-eingeweihte Publikum am Schauspiel erfreuen,
das tut es auch.

Bhimo dreht sich zu Semar um und fragt:
'Muss ich wirklich in diesen Wald?'
Semar antwortet: 'Das weiss *ich* nicht.'
Die Eingeweihten wissen. Semar sagt Bhimo:
'*Du solltest es wissen*. Du solltest dich
an die Gegenwart des Seins in dir drin wenden.
Du musst dein wahres Selbst werden.'

Bhimo geht in den Dschungel hinein.
Zwei Monster greifen ihn an,
er kämpft und erschlägt sie.
Sie sinken zu Boden und sterben.
Doch plötzlich verschwinden ihre Formen;
und wo sie lagen,
stehen nun zwei wunderschöne himmlische Gestalten,
bereit, ihm zu dienen.

Und sie führen ihn hinaus aus dem Wald
zum Meeresstrand,
da begegnet Bhimo Deva Rutji
- seinem wahren Selbst.
Deva Rutji, ist die Hüterin der Wasser,
ein winziges Geschöpf, von den Wellen des Ozeans getragen.
Und durch das Ohr von Deva Rutji
erreicht Bhimo die Quelle des Lebens.

Mein Ehemann erzählte Bhimos Geschichte unserem kleinen Sohn.
Von da an identifizierte sich unser Sohn Bhimo mit dem Bhimo
im Theaterstück, er vergass, dass es eine Geschichte war,
die auf alter traditioneller Einweihung beruhte.

Als unser Sohn noch nicht einmal drei Jahre alt war, sagte er jeweils:
'O Mutter, erzähl bitte dieser Dame von meinem Freund, dem kleinen Elefanten,' oder: 'O Mutter, erzähl ihnen,
wie du mich in einer Lederkugel im Garten zurückliessest.'

Bhimo schuf die Grundlage für dieses Buch der Selbst-Wiedererziehung,
ohne dass ihm sein aussergewöhnliches Genie bewusst gewesen wäre.
Die ausgezeichneten französischen Lehrer erkannten dieses Genie;
sie schufen ein Bildungszentrum für die Kinder der Menschen,
die im Krieg in der Untergrundbewegung Frankreichs arbeiteten.
Ich bereitete die Kinder zuhause auf die drei Examen vor,
um ihnen die Fortsetzung ihrer Studien in Universitäten zu ermöglichen.

Die Professoren in Clermont-Ferrand überwachten die Studien.
Sie lehrten und korrigierten die Hausaufgaben für die Kinder
der Mitglieder der Widerstandsbewegung in Korrespondenz.
Bhimo war sich seines eigenen Genies nie bewusst.
Er sagte immer: 'Bitte Mutter, lass mich ein normaler Junge bleiben.'
Die Kinder liebten ihn sehr,
und schon als Kleiner war er immer
von kleinen Jungen und Mädchen umgeben.

Ich liess ihn so sein wie er war.
Und unsere Beziehung war wunderbar.
Er lebte, verbunden mit seinem Studium und seiner Forschung,
'wie und weshalb Dinge sind'.

Er und seine Schwester Parvati liebten es, für ihre Examen zu arbeiten.
Nicht ein einziges Mal musste ich sie zum Arbeiten anhalten.

Sie begannen jeweils ganz von sich aus, jeden Morgen um acht Uhr.
Es war ihre Freude.
Wir alle machten die Hausaufgaben,
die uns das Zentrum in Clermont-Ferrand zuschickte,
jeder von uns für sich allein.
Dann verglichen wir sie und neckten uns,
wenn wir Unterschiede in der Interpretation entdeckten –
'Wer von uns hat Fehler gemacht?'

Wenn er allein in seinem Zimmer arbeitete,
schaute Bhimo jeweils aus seinem Fenster in den Garten,
wo sein Vater, Roumah und ich arbeiteten.
Später fand ich, auf die Steinmauer
ausserhalb seines Fensters geschrieben:
'Hier lebte Bhimo Jodjana, geboren am 16. Januar
1924 ....'
Er starb.
Wir dachten an die kleinen Punkte.

Er schrieb Prosa-Gedichte in vielen verschiedenen Sprachen.
Ihr findet hier eines davon,
das er in der englischen Sprache schrieb.

Bhimo kannte seine Bestimmung.
Er sprach davon mit Ergebenheit,
er sagte: 'Ich werde vom Feind gefangen genommen, Insh' Allah.'
Sie nahmen ihn gefangen,
als er ins Zentrum für junge französische Studenten ging.
Der Französische Staat anerkannte sein Genie.
Er war von seinem vierzehnten Lebensjahr an ein 'Gelehrter'.

Er wurde vom Feind gefangen genommen.
Sie brachen ihn langsam und löschten sein Licht.

Erinnert euch an unseren lieben Sohn, der so schön anzusehen war,
so, wie es jene tun, die ihn kennenlernten.
Er war ein Dichter, sehr musikalisch,
spielte viele Instrumente und sang wunderschöne Lieder
spät nachts, wenn er vor dem offenen Feuer in meinem Zimmer sass.
Wie er sich bewegte, war sehr natürlich und angenehm anzuschauen.

Er beachtete alles und sagte jeweils:
'Ich muss herausfinden, weshalb und wie alle Dinge sind.'
Er sagte es auf so einfache Weise.
Sogar die Bauern, unter denen er lebte, im Versteck vor dem Feind,
waren verblüfft darüber, wie er alle Feldarbeiten so gut ausführte.
Sie stellten ihn an, sobald er frei war für sie
und gaben ihm zu Essen.

Er brachte das Essen nach Hause, um es mit uns zu teilen –
wir waren sieben im Haushalt, mit zwei Babies.
Wir verloren Bhimo, als er achtzehn Jahre alt war.
Er wird in unserer Erinnerung bleiben,
für immer jung und wunderschön.

Für einen Französischen Soldaten

Soldat warst Du
Als Soldat fielst Du
Du wundertest Dich wofür – doch warst Du sicher.
Und in dieser Hölle
von Feuer und Rauch, von Schlamm und Schmutz
littest Du, bis
der Tod kam.

Als der Kriegsruf erschallte,
verliessest Du Deinen Pflug,
Dein Heim, Deine Frau
und die feinen Kinder.
All dies liebtest Du genug,
um zu gehen und ihr Leben zu retten.
Dein Leben hinzugeben
für die Menschheit, und für Deine Liebe
Und dann – für Frankreich
Und dass eine bessere Welt komme.
Es war genug.

Befreiung
ist noch nicht gekommen –
Wird sie es eines Tages?
Für Dich
ist sie es, so hoffe ich.

Immer noch ist die Erde Hölle, und Menschen morden.
Nun bist Du gegangen
und wir tappen noch immer.
Nach Frieden – im Inneren und Äusseren,
Immer noch mehr nach Innen,
Weil äusserer Friede nicht gefunden werden kann,
noch kann er sein ohne
Den Frieden des Herzens.

Und da liegst Du nun – kalt im Boden.
Ein Mann warst Du
Ein Mann, der fiel
Und sich wunderte weshalb – und doch sicher.
Und in dieser Hölle
Von Hass und Niedertracht, von menschlichem Schmutz
Kämpftest Du, bis
Frieden kam
Und so wird es sein.

Geschrieben von Bhimo Jodjana, 17 Jahre alt.

Als ein Tschechischer Gefangener Lebend Aus Buchenwald Zurückkam

Als ein tschechischer Gefangener lebend aus Buchenwald
nach Frankreich zurückkam, besuchte er mich und sagte mir,
dass unser Sohn nie mehr zu uns zurückkommen würde.

Wir hatten zuvor einen Brief von der holländischen Regierung erhalten,
darin stand, dass Bhimo im Juni 1944 gestorben sei.

Doch danach in Buchenwald, hatte der Feind
den Angehörigen des Internationalen Roten Kreuzes
einen Jungen gezeigt und ihnen gesagt, er sei unser Sohn.
Dem Roten Kreuz wurde erlaubt, eine kurze Zeit bei ihm zu sein
und einen Bericht zu schreiben, über seinen Gesundheitszustand,
oder über das, was für sie von Interesse sein konnte.
Doch war es ihnen nicht erlaubt, mit dem Jungen zu sprechen und ihn zu
befragen. Und der Junge musste unter Bewachung regungslos bleiben.
So gab der Feind vor,
dass unser Sohn immer noch am Leben und bei guter Gesundheit sei.

Dieser Bericht machte die Runde
und zwang mich dazu,
dieser Fährte zu folgen.
Fünf Jahre lang, obwohl ich die ganze Zeit spürte,
dass ich auf einer falschen Fährte war,
ging ich von einem Ort zum anderen auf die Suche.

Ich machte zu viele traurige Entdeckungen
über die Entmenschlichung der Leute.
Ich wurde aller Hoffnung beraubt.

Sogenannt gute oder schlechte Menschen
spielen das gleiche Spiel.

Evolution ist nicht eine Wahl, gut zu sein, das Böse zu bekämpfen
und dabei das Gleichgewicht zu zerstören.
In allen ist das gleiche Streben –
Macht gewinnen, sich durchsetzen, dominieren, ausbeuten.
Evolution schafft in allen menschlichen Wesen
den Geschmack, die Wahrnehmung
und das Bewusstsein der Vollkommenheit.
Die Indianer in Amerika lehren, dass Evolution
uns von Innen aufruft, den 'Pfad des Herzens' zu gehen,
obwohl das Herz nicht Sitz des Gleichgewichts ist.

Ich bin baskischer Abstammung.
Der Wissenschaftler Mr. Owen, versuchte, den Ursprung
dieser geheimnisvollen Rasse zu finden.

Seinen Überlegungen folgend barg ich tief in mir drin
das ursprüngliche Wissen darüber, was Gleichgewicht ist:
Es ist die vollkommene Vereinigung der Gegensätze.
Dieses gleiche Urwissen war das Genie der javanischen Rasse.
Mein Ehemann brachte die Botschaft dieses angeborenen Wissens
durch seine Kunst der Bewegung in den Westen.

Parvati

Parvati, unsere jüngste Tochter
war zutiefst berührt
durch den Verlust ihres Vaters.

Ganz jung spielte sie mit anderen Kindern
auf den Instrumenten des Gamelan-Orchesters aus Java.
Und sie tanzte als Kind mit grosser Konzentration und Anmut.
Doch wurde sie mehr und mehr
von der sie umgebenden westlichen Welt beeinflusst.

Ihr Vater spürte, dass sie nicht leben würde
und es nie wirklich könnte,
in dieser so besonderen Atmosphäre,
in der er atmete, lebte und sein Wesen hatte.
So gab er es auf, sie in irgend einer Weise zu beeinflussen.
Doch war sein inneres leben so stark,
seine Kunst auf der Bühne so tief bewegend,
dass er für sie zum idealen Mann wurde.
Sie war tief beeindruckt von der Grösse seines Genies
und dem so ganz einfachen Leben, das er im Kontrast dazu führte.

Als ich meinen Ehemann das erste Mal traf,
als wir entdeckten, was uns da für immer verbinden würde
im Leben und im Jenseits,
sagte er mir, dass er in den vergangenen neun Jahren
nicht einen Augenblick lang
einen intimen Kontakt mit jemandem gehabt hatte.
Nicht ein Wort über sein inneres Leben gesprochen hatte.
Nicht einmal mit seinen Landsleuten,
wenn er sie in Holland traf.

Später, als wir so viele Männer und Frauen trafen,
aus den verschiedensten Kreisen der Gesellschaft, in vielen Ländern,
die uns warme Gefühle der Bewunderung, Wertschätzung
und 'Freundschaft' entgegenbrachten,
blieb Jodjana zurückhaltend, er versuchte, einen Weg zu finden,
ihnen zu zeigen, dass er sich ihrer Gefühle wohl bewusst war;
doch beklagte er mir gegenüber, dass er nicht wusste,
worüber er mit ihnen sprechen könnte.

Er blieb lieber in 'easy-going', ungezwungener Gesellschaft.
Oft schlief er nach einem Essen mit Freunden ein.
Sogar in unserer Familie lebte er in seinem Studio,
er kam spät zum Essen, wenn die Kinder und andere zuerst
gewartet, dann zu essen begonnen und beinahe aufgegessen hatten.
Er fand ein Paar 'ungezwungen', 'weil', wie er sagte,
'ihr inneres Leben einem Philosophieren gleichkommt.'
Sie beschäftigten sich nur mit sich selber
und erwarteten nicht, dass er ihrem Leben
etwas bringen oder hinzufügen solle,
über die Freude hinaus, 'beste Freunde' eines grossen Künstlers zu sein.

Unser kleiner Sohn Bhimo war oft mit ihm in seinem Studio.
Den kleinen Jungen verband ein stilles Verstehen mit seinem Vater.

Was von meinem Ehemann ausströmte, war so stark
und breitete sich so weit aus im Raum,
dass wenn er sich auf der Bühne bewegte,
im Raum grosse Dinge geschahen.
Im Alltagsleben beschützte ihn dieser Umstand in vielen Situationen,
weil es die Leute davon abhielt, ihm zu nahe zu kommen.

Mit meinem Ehemann musste man 'im Flussbett' leben,
tief verwurzelt im Sein, so konnte man
die Strömungen einer Wasserstrasse unter der Oberfläche sehen.
Er war 'ein Ast des Schöpferbaumes'.

Er stellte alle Götter auf der Bühne dar.
Niemand konnte verstehen,
wie es möglich sei, ein Gott zu sein.
Wenn er dies gefragt wurde, sagte er:
'Man kann nicht so tun als wäre man ein Gott'.
Dies beantwortete ihre Frage nicht wirklich.

Manche Leute erlebten 'Ewigkeit' während den Aufführungen.
Sie verloren vollkommen das Bewusstsein der Zeit
in dieser beschränkten Welt.
Nach der Aufführung baten einige, ob es ihnen erlaubt sei,
eine Zeitlang in der Garderobe sitzen zu dürfen,
um so dieses volle Bewusstsein des Unendlichen nicht zu verlieren.

Der Dichter A. Roland Holst schrieb
ein paar wunderbare Gedanken nieder,
als er seine Erfahrung während einer Aufführung beschrieb.

Er empfand, dass mein Ehemann das Publikum
das Ewige Sein in einem Spiegel sehen und erleben liess.

Sie brachen diesen wunderbaren Spiegel.

Als er krank wurde, pflegten ihn alle um ihn herum
mit liebenden Herzen.

Mehr als alle anderen unsere Tochter Parvati
und ihr Ehemann.
Doch als er in den Spitälern schreckliche Qualen litt,
rief er nach mir,
und als ich kam, sagte er: 'Ich habe mein Selbst verloren,
hilf mir, gib mir mein Selbst zurück.'
Roumah half mir. Die Gesundheit meines Ehemannes wurde besser,
und er hoffte, wieder bei uns leben zu können.
Er bat uns, ihn wegzubringen und ihm einen Ort zu finden,
wo er in und mit sich leben konnte,
und wir ihn so beschützen könnten, wie wir es immer getan hatten.
Doch obwohl wir die Erlaubnis erhielten,
für ihn ein Heim mit Garten einzurichten
und das Versprechen der Ärzte, uns zu helfen
und unsere Pflege für ihn zu überwachen,
behinderten uns Umstände und Leute.
So erfüllten sich all seine Hoffnung und seine Wünsche nicht.

So gab er die Hoffnung auf, auf Erden nochmals
diese notwendige Atmosphäre zu finden,
in der er atmen und leben könnte,
als 'Ast des Schöpferbaumes'.

Er gab vollständig auf.
Er sagte uns: 'Ich bin schon gestorben.
Mein Bett hier ist mein Sarg'.

Da wurde ich krank.
Für eine Zeitlang waren wir getrennt.
Da lebten wir beide im 'Flussbett'.

Er bat mich dann, in sein Land und zu seinen Leuten zu reisen.
Ich ging mit Roumah.
Doch traf ich da kein Zuhause an, das ihn erwarten würde.
Ich versuchte in seinen Landsleuten die Liebe zu wecken,
die er mit seinem Leben so verdiente.
Ich bat darum, dass er
nahe bei seiner Mutter ruhen möge.
Doch da kam keine Antwort,
nicht ein bisschen Verständnis.

Roumah und ich wurden gut empfangen, gut umsorgt.
Sie alle arbeiteten zusammen, um uns eine 'gute Zeit' zu ermöglichen.
Doch wir verzweifelten.
Trotzdem gaben wir unser Bestes, ihnen zu danken dafür,
was sie uns gaben und verlangten nicht mehr.

Mein Ehemann wusste von meinem ersten Brief,
dass sie uns gut empfangen hatten.

Er behielt den Brief, hielt ihn die ganze Zeit in den Händen,
und begann, meiner Tochter glücklich zu erzählen
vom Ort, an dem er geboren wurde.
Und jene Nacht war er voller tiefer Freude
in glücklicher Erinnerung.

In dieser gleichen Nacht – alle schliefen –
starb er,
er ging zurück zu seinem Schöpfer.

Parvati begrub den Brief, und einen weiteren –
der am Morgen nach seiner Rückkehr ankam –
mit ihm zusammen in La Réole,
in der Gironde, in Frankreich.

'Schlafe wohl süsser Prinz.'

Jodjana Brachte so Vielen Segen

Jodjana gab so vielen Segen
dass sie für eine Weile leben konnten,
getragen vom göttlichen Atem,
Gott zu sehen wie in einem Spiegel.
Die Gegenwart des Schöpferischen Wesens
war so stark in ihm,
dass er nie Befriedigung empfand
in seinem enormen künstlerischen Erfolg.
Er glaubte nicht,
dass der Enthusiasmus der Leute
ein Erfolg sei;
er dachte, sie würden dann,
wenn sie sich der Schöpferischen Gegenwart bewusst geworden seien,
dies auch in ihrem täglichen Leben und Benehmen zeigen.
Er stellte fest, dass dies nur
in ganz seltenen Fällen geschah.
Jedes Zeichen von Wertschätzung
für seine persönliche künstlerische Präsenz
machte ihn zutiefst demütig.
Immer faltete er dann zuerst seine Hände
und ging in seine innere Tiefe,
bevor er dem Publikum für seinen Applaus dankte.

Wir widmeten jede Aufführung einem Menschen,
für den es notwendig war, sich bewusst zu werden,
dass er vom Lebensatem getragen ist.

Nach dem Tod unseres lieben Jungen
widmeten wir alle Aufführungen den Toten,
all jenen, deren Leben auf so grausame Weise genommen wurde.

Wir hofften, dass die Welle des Glückes,
das das Publikum so dankbar ausdrückte,
im Raum einen kosmischen Zustand schaffen könnte,
der allen Gutes bringen würde, wo immer sie sind.
So dass sie diese Welle warmer menschlicher Dankbarkeit
für das bescheidene Geschenk der Schönheit,
das wir zeigen durften, spüren könnten.

Er nahm dann jeweils meine Hand und kam zum Bühnenrand.
Wir waren dann beide in unserem inneren Sein mit den Toten
und dankten dem Publikum für ihr Geschenk.

Als Jodjana erkannte, dass sie seinen Sohn getötet hatten,
und dass er nie mehr einen anderen Sohn haben würde,
der die Botschaft weitertragen und so das Versprechen einlösen würde,
den der Name Jodjana verkörpert,
(Wenn man ihn ausspricht, öffnet der Klang des Namens
den Pfad, den meine eigenen baskischen Vorfahren
'den Pfad mit dem Herz' nannten)
wurde Jodjana beinahe verrückt vor Schmerz.

Tag und Nacht war einer von uns bei ihm und pflegte ihn.
Wir konnten ihm auf keine andere Weise helfen.
Eines Morgens kniete unsere junge Tochter Parvati
an seinem Bett und sagte zu ihm:
'Vater, Ich verspreche Dir, ich werde alles tun,
was Bhimo sich vorgenommen hatte zu tun'.
Und sie gab ihre eigenen Wünsche und Arbeiten auf
und bereitete sich darauf vor, Ärztin zu werden.

Ihr Vater erholte sich,
und mit seinen dreiundfünfzig Jahren begann
er eine neue 'époque' in seiner Karriere.
Zwanzig Jahre später sagte er dem Publikum Ade
in einer Aufführung im Musée Guimet in Paris.

Roumahlaiselan

Roumahlaiselan ist sein Name.
Er bedeutet Ritter des Gotteshauses.
Was für ein wundervoller Name!

Er kam, um mit uns zu leben
vor mehr als einem halben Jahrhundert.

Wir lebten auf der Grundlage einer Lehre,
die wir im täglichen Leben anwandten.
Wir gaben diese Lehre anderen weiter,
indem wir sie in Aufführungen auf der Bühne zeigten.
Jene, die kamen, um zu lernen,
konnten nicht nur hören,
wie sie sich auf kreative Weise
ausdrücken konnten,
sie konnten auch sehen,
wie dies getan wurde.

Die Lehre, die vor tausenden von Jahren entstand,
in den Upanishaden und der Bhagavad-Gita,
könnte vielleicht so beschrieben werden:
Handeln, tun, sich bewegen
muss gestützt sein
auf die sanfte Kunst des
'Nicht-tuns'.
Wie alles Sein sich
im 'Nicht-Sein' auflöst.

Für Roumahlaiselan bedeutete diese Lehre
die Grundlage eines Lebens, das er in demütigem Dienst
gegenüber der Schöpferischen Gegenwart
und allen Wesen um uns herum lebte.
Unsere Freunde sagten oft,
dass sie in ihm
einer engelhaften Gegenwart begegneten.
Er wurde ein grosser Mime und Tänzer auf der Bühne,
mit meinem Ehemann.
Doch in unserem Alltagsleben,
bei all den einfachen und notwendigen Pflichten,
schuf und schafft er auf dem Pfad mit dem Herzen
den wundervollsten Tanz –
der Tanz des Lebens.

*Dieses Buch hätte nicht geschrieben werden können
ohne die Hingabe, Liebe und zutiefst demütigen Dienst von
Roumahlaiselan gegenüber Raden Ayou Jodjana.*

Teil 8 - Letzte Gedichte und Übungen

Während Millionen von Jahren

Während Millionen von Jahren hat die Evolution
langsam etwas geschaffen, in einer langen Reihe von Primaten –
den Menschen.
Die Bewegungsrichtungen dieses evolutionären Prozesses
waren nach hinten-nach unten.

Der Mensch war das erste Geschöpf auf dieser Erde,
das in einer aufrechten Haltung lebt.

Wir haben Arme,
Glieder ohne direkte Verbindung zur Stütze der Erde,
die für das Gleichgewicht in gegengleicher Richtung schwingen
und die Vorwärtsbewegung der Beine begleiten.

Unsere Arme sollten nie ihren angeborenen Sinn verlieren,
Stütze finden zu wollen.
Sie können ihre Stütze in den Gelenken finden,
in den Oberarmknochen innerhalb der Schulterblätter;
in den Ellbogengelenken und
unterhalb der äusseren Handwurzelknochen.

Hier finden wir das Gleiche von neuem wieder:
Dass die vollkommene Einheit von zwei gegensätzlichen Richtungen
Gleichgewicht schafft.
In vielen Bewegungen des Alltagslebens, wie in den Knien,
die sich bei allen Bewegungen der Beine nach vorn beugen,
brauchen wir die rückwärtige Stütze der Ellbogengelenke.

Wenn der Mensch in seiner Gier Arme und Hände braucht,
um zu ergreifen, festzuhalten, zu packen,
verliert er das natürliche Bewusstsein,
das ihn in einer aufrechten Haltung schuf;
er verliert das angeborene Gefühl in den Armen, die Stütze suchen
in einer nach rückwärts gerichteten Bewegung in den Ellbogengelenken.

Wenn ein Kind Geboren Wird

Wenn ein Kind in diese Welt geboren wird,
ein einzigartiges kleines Geschöpf,
ist es über die Schwelle des Bauches seiner Mutter gegangen.
Während neun Monaten hat es sich entwickelt,
durch viele Stadien des Tierreiches hindurch.
Es wurde vom Wasser aus den Ozeanen getragen,
die einmal die Erde bedeckt hatten,
und in dem sich die ersten Formen
des Pflanzen- und Tierreiches
entwickelten.

Das Kleinkind kommt in diese Welt
auf einer kleinen Welle;
ihr Schwung trägt es
seiner besonderen Bestimmung entgegen –
ein menschliches Wesen zu werden.

Dieser Entwicklungsprozess hat zahllose Epochen gebraucht,
er geht immer noch weiter in jedem einzelnen Kind.
Doch der Prozess ist noch weit davon entfernt, erfüllt zu sein.
Es gab Gipfel der Erfüllung –
grosse Propheten und Meister,
Künstler und Wissenschafter von grossem Genie
waren unter uns.

Wir besitzen heilige Schriften,
Monumente von atemberaubender Schönheit,
von Weisheit und Wissen.
Grosse Kunstwerke,
die die gleiche vollkommene Wahrheit enthüllen,
alle bringen die gleiche Botschaft,
all weisen deutlich auf den Pfad hin –
wie wir uns aufmachen können,
ein wahrer Mensch zu werden.

Die Weisheit des Körpers

Wenn wir den Körper unserer Mutter verlassen
und in diese Welt geboren werden,
berühren uns Hände und legen uns
in ein Bett, auf den Boden, in eine Wiege.

Und dies ist unsere erste Erfahrung in dieser Welt.
Erfahrung durch die Berührung von Stützen.
Von Geburt an, in jedem Augenblick,
nimmt unser kleiner schwacher Körper
körperliches Bewusstsein von Stützen auf.
Das Gefühl und das Bewusstsein für die Stützen
wird in jeder Faser unseres Körpers lebendig.
Stütze im Bett,
in den Armen unserer Mutter.
Wir spüren die Wärme, wenn wir ihre Haut berühren
und Nahrung finden.
Wir spüren das Wasser in der Badewanne,
die Berührung ihrer Hände und ihre Arme, die uns halten.
Wir fangen an, unseren eigenen kleinen Körper
mit unseren Händen zu berühren.
Wir spüren die Kälte, wenn die Jahreszeit vergeht.

Von Beginn an werden wir uns bewusst, wie wir getragen werden.

In der Wiege beginnen wir uns zu bewegen,
wir sitzen aufrecht.
Wir krabbeln mit Händen und Füssen auf dem Boden.

Dann versuchen wir, mit unseren kleinen Füssen aufzustehen,
in einer aufrechten Haltung zu stehen, wie die anderen um uns herum.
Unsere Hände greifen nach Stützen.
Unsere Füsse pflanzen sich fest auf den Boden.
Wir finden Stütze, oder wir finden sie nicht.
Wir fallen und wanken
und fangen immer wieder von neuem an.

Schliesslich stehen wir aufrecht auf unseren Füssen.
Und unser Körper beginnt,
all diese Erfahrungen kennenzulernen,
er vergisst sie nie mehr.
Da ist keine Kontrolle des Hirns,
oder Überwachung aus den Hirnzellen.
Das Hirn nimmt die Gefühle und das Bewusstsein im Körper auf.
Was im Körper geschieht, spiegelt sich
in den zarten Membranen
um die Hirnzellen herum.

Die beiden Seiten der Zentren der Aufmerksamkeit,
tief unten, am Rand des Schädels,
beginnen, all diese Gefühle aufzunehmen.
Der Prozess des Selbst-Bewusstseins ist geboren.
Ganz langsam entwickelt es sich.
Doch im Körper ist bereits
dieses direkte Wissen vom Abenteuer,
das das Leben uns von Geburt an lehrte.
Dies ist die Weisheit des Körpers.

Das 'Jetzt' und 'Hier'

Wir im 'Jetzt und Hier'
sind lebendig in dieser Welt.
Wir wissen dies,
und wir wissen auch,
dass wir lebendig sind wegen dem Wirken des Raumes
im Inneren unseres Körpers.
Und dass der Raum eine unendliche Essenz ist.
Wir können ihn leicht verstehen,
diesen Unendlichen Raum, der in uns wirkt,
er braucht ein unendliches Organ –
einen Punkt.

Das Wirken des Lebens in uns ist eine Grundfunktion,
und sie schafft Gleichgewicht in unserer Form
in jedem 'Jetzt'.

Diese Funktion findet ohne Unterbrechung auf dem Fluss der Zeit statt.
Der Fluss der Zeit in unserer Form bewirkt Dauer.
Er bewirkt Ewigkeit.
Zeit ist ein Wirken des Raumes –
ein Wirken der Unendlichkeit.
So enthüllt und beschreibt unsere Form
dieses Wirken in all unseren Substanzen.

So wird unser physischer Körper zum Ausdruck
dieser Grundbewegung,
Ursache dafür, dass wir sind
und sichtbar werden
als lebendiges Wesen in jedem 'Jetzt und Hier'.

Das Jetzt und Hier Sind Eins in Zeit und Raum

'Jetzt und Hier' sind eins in Zeit und Raum.
'Jetzt' ist unser Annehmen des Lebensatems,
der in uns die vollkommene Empfänglichkeit des Körpers
in einer Rückwärtsbewegung zum starken Teil unseres Körpers hin
wieder herstellt.

Da, in diesem Augenblick der Gegenwart,
da begegnet die Zukunft der Vergangenheit.
Da schaffen wir die Einheit des 'Jetzt und Hier'
und die Geburt des Bewusstseins für die Stützen.

Für die meisten von uns ist es einfacher, mit dem 'Hier' zu beginnen.
Wir werden uns leichter bewusst, wo wir im Augenblick sind,
wenn wir die unterschiedlichen Teile unseres Körpers berühren,
die ihrerseits Stützen berühren, wenn wir sitzen
oder während den Bewegungen;
wie zum Beispiel, auf dem Fussboden stehen, auf dem Boden, der Erde,
oder uns an der Rückenlehne des Stuhls anlehnen,
wenn unsere Arme von den Armlehnen gestützt werden
und wir den Boden unter unseren Füssen spüren.
Dann können wir sagen: 'Ich bin hier und stehe auf dem Boden',
oder 'Wir sitzen jetzt in unserem Stuhl'.

Dann sind wir uns mit Klarheit bewusst,
in diesem Augenblick im 'Jetzt' zu sein;
und von da aus können wir all unsere Handlungen und Bewegungen,
all unseren Ausdruck in Handlung, Klang und Sprache beginnen.
Dies wird uns helfen, in jedem Augenblick, den wir wählen,
spielen zu lernen, zu sein, zu leben.

Schiebe Nie, Hebe Nie

Der moderne Mensch hebt seinen Magen, sein Herz,
die Ränder seines Zwerchfells und seine Schultern;
und er stört so die Grundfunktionen des Lebens im Kleinhirn;
er schiebt nach vorne und zwingt das Hirn, sich zusammenzuziehen,
unterhalb des vorderen Teils des Schädels über den Augen.
Dieses Zusammenziehen bringen die motorischen Zentren im Kleinhirn
und die Gesichtsmuskeln durcheinander.

Wenn wir uns voran bewegen, strecken wir den Kopf gewöhnlich heraus
und der Oberkörper schiebt sich nach vorne.
Das Gewicht zieht den Körper nach unten,
aus der aufrechten Haltung des 'menschlichen Wesens' hinaus,
zurück in den Zustand der Primaten;
es zwingt den Körper dazu, weitere Muskeln zusammenzuziehen,
so dass er sein Gleichgewicht nicht verliert
und umfällt.

Das Hirn des Menschen zerfällt
und geht in den Tierzustand zurück
oder noch schlimmer.
Der Mensch wird zum Mörder und zur Bestie.

'Das Lied von der Erde' von Gustav Mahler

Wenn wir am Morgen erwachen,
spüren wir, wie auf der Rückseite unserer Form
auf einer kleinen Ebene das sanfte Bündeln
der fünf senkrechten Linien wirkt.

So beginnt Leben zu geschehen
in unserem Wachbewusstsein,
während wir hinuntertauchen
zum Brunnen des Lebens;
von da aus sind wir verbunden
mit allen Formen im Universum,
und uns wird da die unfehlbare Stütze der Erde geschenkt.

Dann spüren wir bewusst,
wie das Wirken der sich hebenden Bewegung aufsteigt.
Wir werden uns der aufsteigenden Bewegung bewusst,
die uns aufrecht schuf.

Und so lauschen wir, tief bewegt
dem 'Lied von der Erde',
das einmal ein menschliches Wesen schuf.

Das Lied, das in ihm aus dem Brunnen des Lebens aufstieg
und in den Unendlichen Raum hinaus schwang,
ewig, ewig, e w i g ...

Dieses Lied erhebt sich in allen menschlichen Wesen,
in der ganzen Natur,
im Wasser, in Bäumen, in der Luft,
in der Welt der Sterne, und darüber hinaus,
ewig, ewig, e w i g ...

Es findet das 'Tonikum' nie
kein Anfang, kein Ende.
Es trägt und wiegt uns sanft
ewig, ewig, e w i g ...

Die Essenz der Liebe

Mein 'Ich', das Mitleid hat mir dir,
kann und wird dir nicht helfen.
Mitleid ist nicht Liebe!

Wenn wir für unsere Leiden und Sorgen Aufmerksamkeit wollen,
erweckt dies nicht Liebe in anderen.
Von beiden Seiten sollte da nur bewusstes,
feines Annehmen der Schwierigkeiten des Nächsten sein,
das Aufleuchten der Liebe sollte erweckt werden.

Schon ein kleines Öffnen aus dem Zentrum des Gleichgewichts genügt.
Sobald das Raumwirken in uns befreit ist,
verdampft das persönliche, verengte 'Ich',
es verschwindet, es stirbt,
und Liebe verbreitet sich sanft in der ganzen Form
und erhellt den Körper.

Die Flut ist Draussen

Die Flut ist draussen
und trägt mich weiter
und gleichzeitig nach hinten.

Es ist nicht so lange her,
dass ich einem kleinen Pfad entlang die Dünen hinab ging
und an Englands Südküste stand,
an einem kleinen sandigen Strand.

Die hereinkommende Flut liess nur einen schmalen Sandstreifen frei.
Die Luft und das Meer atmeten sanft.
Niemand in der Nähe.
Keine Spur oder Klang eines menschlichen Wesens,
von menschlichem Leben.
Die sonnendurchflutete Luft war warm.
Und das Meer weit offen, zum Horizont hin,
mit jedem Atemzug streichelte es den Strand,
kam meinen Füssen im Sand sanft näher.

Mein eigener Atem ging, herein und hinaus,
mit dem Rhythmus des sanft wellenden Wassers.
Ich öffnete mich zur hereinkommenden Flut...
Und sehe.... die Flut verändert sich,
zögert ein paar Augenblicke,
und dann geht sie hinaus.

Wie damals an Englands Südküste
stehe ich wieder an der Küste des Lebens.
Die Flut zögert wieder ...
Die Flut ist draussen.

Aus der Tiefe unseres Wesens

Aus der Tiefe unseres Wesens
danke ich Euch, sanfte Menschen.

Sanfte Menschen, immer um mich herum.
Und Ihr, Freunde, die Ihr noch kommen werdet
an diesen schmalen Sandstreifen am Strand,
wo ich damals die Flut sich wandeln und hinausgehen sah.
Danke Euch allen, die Ihr gekommen seid,
und Euch, die Ihr noch kommen werdet.

Ich kann Euch nicht rufen, kann Euch nicht bitten zu kommen.
Weil alle, die sind und unter Gelübden leben,
wie Inayat Khan, wie mein Ehemann,
wie unser lieber Sohn Bhimo;
wir müssen vom reinen Geschenk jener leben,
die kommen, um dem Ruf der Liebe zu lauschen
in ihrem eigenen Herzen.

Dieses Buch Kommt zu Seinem Ende

Dieses Buch kommt zu seinem Ende.
Es ist das Resultat einer Forschung;
eine ganz einfache Forschung in unserem eigenen Körper,
wie uns die Upanishaden anleiten, dies zu tun.

Jeder Mensch hat ein Recht,
vielleicht sogar eine Pflicht und Notwendigkeit,
mit seiner eigenen inneren Forschung zu beginnen,
seiner eigenen inneren Inspiration entsprechend zu handeln.
Weil Inspiration kein verborgenes Phänomen ist,
sondern ein ganz reale Grundfunktion in unserem Körper.
Inspiration ist der schöpferische Atem,
der den Körper formt.
Dieser Atem hält den Körper lebendig;
er enthüllt, 'was' und 'wie' wir sind.
Daher sollten wir die Bedeutung verstehen
von dem, was wir Inspiration nennen.
Dieser schöpferische Atem trägt
all unsere Handlungen und Äusserungen.
Er ist ein realer Atem, eine reale Funktion in unserer Form.

So lebet wohl, ihr alle.
Ich liebte euch als meine Gefährten auf dem Pfad des Lebens.
Ich hinterlasse euch dieses Buch
als ein Zeichen der Liebe.
Diese Liebe, die das Universum bewegt.

Möge es euch helfen, das zu erreichen
was eure Bestimmung euch zum Erfüllen schenkte.
Lebet wohl!